El Llamado Sublime de Dios para la Mujer

John Mac Arthur

Centro de Literatura Cristiana

CENTRO DE LITERATURA CRISTIANA
en países de habla hispana

Colombia: Centro de Literatura Cristiana
ventasint@clccolombia.com
editorial@clccolombia.com
Bogotá, D.C.
Chile: Cruzada de Literatura Cristiana
santiago@clcchile.com
Santiago de Chile
Ecuador: Centro de Literatura Cristiana
ventasbodega@clcecuador.com
Quito
España: Centro de Literatura Cristiana
madrid@clclibros.org
Madrid
Panamá: Centro de Literatura Cristiana
clcmchen@cwpanama.net
Panamá
Uruguay: Centro de Literatura Cristiana
libros@clcuruguay.com
Montevideo
USA: CLC Ministries International
churd@clcpublications.com
Fort Washington, PA
Venezuela: Centro de Literatura Cristiana
distribucion@clcvenezuela.com
Valencia

EDITORIAL CLC
Diagonal 61D Bis No. 24-50
Bogotá, D.C., Colombia
editorial@clccolombia.com
www.clccolombia.com

ISBN: 978-958-8691-11-4

El llamado Sublime de Dios para la Mujer, por John Mac Arthur

Edición y Diseño Técnico: Editorial CLC

Traducción: Elizabeth Cantú de Márquez, Puebla, México

Impreso en Colombia
Printed in Colombia

Somos miembros de la Red Letraviva: www.letraviva.com

Contenido

1

El llamado Sublime de Dios para la mujer

1ª a Timoteo 2:9

«Asimismo que las mujeres se atavíen de ropa decorosa, con pudor y modestia; no con peinado ostentoso, ni oro, ni perlas, ni vestidos costosos,»

El debate acerca del papel de las mujeres en la Iglesia ha alcanzado proporciones gigantescas. La filosofía feminista ha penetrado en casi todas las áreas de nuestra sociedad y ha alcanzado la Iglesia de Jesucristo. Es sorprendente cuántas congregaciones, universidades y seminarios evangélicos han abandonado las verdades bíblicas que sostenían desde sus inicios. Muchos han escrito libros donde afirman que hay una nueva "verdad" relacionada con el papel de las mujeres en la Iglesia. Algunos eruditos han reinterpretado los pasajes bíblicos que enseñan los roles tradicionales de hombres y mujeres. Otros dicen que esos pasajes deberían ser ignorados porque reflejan la tendencia anti-feminista del apóstol Pablo. Otros aseguran que esas porciones fueron añadidas por editores posteriores y que no reflejan la intención del autor original. La Iglesia, que es el fundamento de la verdad divina, está cambiando con rapidez ante la marcha del movimiento feminista.

En el fondo, la tendencia de ignorar el diseño de Dios para hombres y mujeres no es un esfuerzo humano. Más bien es el esfuerzo de Satanás, el *archi* enemigo de Dios, quien usa agentes pecaminosos humanos para alcanzar sus metas. A eso se debe que la controversia acerca del papel de las mujeres en la Iglesia sea tan trágica: la Iglesia está siendo engañada por las mentiras satánicas y esto se está convirtiendo en parte de su ataque. Dios diseñó papeles específicos para hombres y mujeres en la sociedad, la familia y la Iglesia, que son muy claros en las Escrituras y debemos estudiarlos para reafirmarlos.

Al tratar este asunto, yo podría tomar mucho tiempo demostrando cuán vasto es el feminismo. Podría incluir muchas citas y analizar todo tipo de incidentes. También podría discutir ampliamente las escuelas, seminarios y libros que ilustran cuán profunda ha sido la influencia del movimiento feminista sobre la Iglesia. Sin embargo, todos conocemos esas influencias. Por tanto, considero que lo más útil es simplemente escudriñar la Palabra de Dios. Si entendemos lo que dice la Biblia, podremos enfrentar cualquier error. No existe ningún otro pasaje más directo y amplio acerca del papel de las mujeres en la Iglesia que *1ª a Timoteo 2:9–15*.

La Primera Epístola de Pablo a Timoteo fue una carta enviada por el apóstol a su hijo en la fe, amigo y colaborador. Pablo y Timoteo se habían conocido varios años antes de la escritura de esta epístola, durante el segundo viaje misionero de Pablo *(Hechos 16:1-5)*. Cuando se escribió la carta, Pablo ya había concluido sus tres viajes misioneros y acababa de ser liberado de su encarcelamiento en Roma. Al salir de la prisión, Pablo fue a ver a Timoteo que se había quedado en Éfeso.

Timoteo era el pastor de la iglesia de Éfeso. Por esta carta, vemos que habían llegado a oídos de Pablo las noticias de que en esa iglesia estaban ocurriendo cosas que no eran correctas. Pablo había pasado tres años de su ministerio en esa ciudad y había invertido todo su esfuerzo en fundar la iglesia. En *Hechos 20,* el apóstol dijo a los ancianos efesios que nunca había dejado de predicarles todo el consejo de la Palabra de Dios, sino que les había advertido día y noche durante tres años diciéndoles que se presentarían errores desde fuera y que la maldad se levantaría aún dentro de la misma congregación (*vv. 27-31*). Infortunadamente, sus peores temores se habían hecho realidad: la iglesia de Éfeso estaba siendo víctima de errores doctrinales y los miembros de ella practicaban patrones equivocados de vida. Lo que es peor, el liderazgo se había corrompido y necesitaba ser reemplazado por líderes piadosos.

Pablo viajó a Éfeso para encontrarse con Timoteo y personalmente enfrentó a los dos líderes corruptos, Himeneo y Alejandro (*1ª a Timoteo 1:20*). Cuando el apóstol se fue para continuar su ministerio hacia occidente, dejó a Timoteo en Éfeso para corregir el resto de los problemas. Habían pasado sólo unas semanas cuando escribió esta carta a Timoteo para animarlo y darle instrucciones para su ministerio. *1ª a Timoteo 3:14–15* explica el propósito general de la carta: *«Esto te escribo, aunque tengo la esperanza de ir pronto a verte, para que si tardo, sepas cómo debes conducirte en la casa de Dios, que es la iglesia del Dios viviente, columna y baluarte de la verdad»*. Por esto, sabemos que esta epístola fue enviada para poner orden en la iglesia.

Una de las áreas problemáticas de la congregación de Éfeso era la relacionada con el papel de las mujeres. Puesto que los líderes de la iglesia habían caído en errores morales y doctrinales, no era de sorprender que eso hubiera impactado de forma negativa tanto a las mujeres como a los hombres. *1ª a Timoteo 5:6* dice que algunas mujeres habían abandonado la pureza y estaban viviendo para sus placeres. Algunas viudas jóvenes habían prometido delante de Dios permanecer solas, pero estaban en peligro de romper su voto debido a la lascivia, atrayendo así la condenación sobre ellas (*5:11–12*). Otras se habían hecho ociosas, y andaban de casa en casa. Otras más eran chismosas y entremetidas (*5:13*). Incluso, algunas ya se habían apartado de la fe para irse en pos de Satanás (*5:15*). En *2ª a Timoteo 3:6* Pablo se refiere a esas mujeres diciendo que habían sido engañadas, que estaban llenas de pecados y dominadas por sus diversas concupiscencias, lo cual las hacía presa fácil de los falsos maestros.

1ª a Timoteo capítulo 2 se concentra en otro problema relacionado con las mujeres. Bajo la pretensión de venir al culto de adoración a Dios, algunas aprovechaban la oportunidad para hacer alarde de su belleza y profanaban así el servicio de adoración. Sus vestidos y adornos ponían en evidencia su mala intención y demostraban que no venían con un sincero deseo de adorar.

La adoración es primordial en la vida de la Iglesia. No es de sorprender que Pablo incluyera este problema al principio de su carta. De hecho, es el segundo asunto que trata en el capítulo 2, donde comienza a discutir los problemas que había en aquella iglesia. Los cultos de adoración de Éfeso estaban contaminados por las mujeres que los tomaban como una oportunidad de exhibir su riqueza y belleza. Sus provocaciones sexuales eran una distracción para quienes querían realizar un culto verdadero. Partiendo de sus señalamientos en cuanto a los problemas que estaban causando las mujeres en el servicio de adoración, el apóstol estableció el papel bíblico de ellas en la Iglesia. En el *versículo 9*, encontramos el primero de los seis aspectos esenciales que constituyen el sublime llamado de Dios para las mujeres.

Arreglo de las mujeres (v.9a y 9c)

«Asimismo que las mujeres se atavíen de ropa decorosa…, no con peinado ostentoso, ni oro, ni perlas, ni vestidos costosos»

La palabra *«asimismo»* se relaciona con el *v. 8*, e indica que aquí se inicia un nuevo asunto que sin embargo está relacionado con el tema anterior. Aquí Pablo pasa a un nuevo asunto pero dentro del tema general de cómo deben conducirse en el culto de adoración de la Iglesia tanto hombres como mujeres. *«Asimismo»* actúa como transición entre distintos asuntos dentro de la discusión más amplia. También se usa en *1ª a Timoteo 3:8* para hacer una transición entre el tema de los ancianos y el de los diáconos, y en el *v. 11* entre estos y las diaconisas, pero todos dentro del tema general del liderazgo en la Iglesia. Entonces, Pablo pasa de discutir la actitud de los hombres en el culto (*v. 8*) a hablar de las mujeres (*vv. 9–15*).

Un patrón general

La palabra griega que se traduce como *«quiero»* (*boulomai*) en el *v. 8*, se refiere a una intención, orden, propósito, determinación o mandato, y contrasta con *thelō*, que denota un deseo. También se puede traducir como «esto mando» porque conlleva tanto la intención apostólica como la autoridad divina. Pablo ordenó que los hombres oraran con manos santas y que las mujeres se arreglaran de manera correcta.

La siguiente palabra clave es *«atavíen»*, que viene del griego *kosmeō* y significa *«arreglar»* o *«poner en orden»*. Pablo dice que las mujeres se preparen adecuadamente para la adoración. La palabra griega que se traduce como *«decorosa»* (*kosmios*), que es la forma adjetiva de *kosmeō*, significa *«bien ordenado»* o *«bien arreglado»*.

En tercer lugar, la palabra griega que se traduce como *«ropa»* no sólo se refiere a los vestidos, sino que también indica el *«comportamiento»* o *«actitud»*. Abarca la preparación total de la mujer para el culto de adoración, la cual incluye tanto las actitudes del corazón como una adecuada apariencia, la cual debe reflejar un corazón que está centrado en Dios.

Problemas específicos

El apóstol no sólo hace una exhortación general acerca de la apariencia de las mujeres, sino que también habla de algunos asuntos específicos que estaban creando problemas en Éfeso.

Uno de ellos era el esfuerzo que hacían algunas señoras por *imitar los valores de la cultura que les rodeaba*. Varios escritores de la antigüedad describieron la forma en que se vestían las mujeres en la cultura romana del tiempo de Pablo, misma que sin duda ejercía gran influencia en la iglesia de Éfeso.

Los escritos de Juvenal, un poeta satírico romano del primer siglo, describen la vida cotidiana del imperio romano. En su sexta sátira relata que las mujeres estaban muy preocupadas por su apariencia: «No hay nada que no se permita hacer una mujer, nada que le parezca vergonzoso, con tal de embellecerse. Rodea su cuello con finas esmeraldas y cuelga grandes perlas de sus orejas alargadas; así realiza el negocio de la belleza. Después apila una tiara encima de la otra sobre la cabeza hasta alcanzar grandes alturas. En ese complicado proceso, descuida a su marido».

Plinio el Anciano, historiador romano del primer siglo habló de Lollia Paulina, ex-esposa del emperador romano Calígula, diciendo que poseía un vestido que valía más de un millón de dólares según cálculos actuales. Estaba recamado de perlas y esmeraldas y

Lollia guardaba las facturas que comprobaban su valor (*Historia Natural 9.58*).

En contraste con la sociedad romana, las religiones de la antigua Grecia establecían reglas austeras en relación con la apariencia de las mujeres. Una inscripción ilustra esta preocupación diciendo: «Una mujer consagrada no debe poseer adornos de oro, ni carmín, ni polvos para la cara, ni bandas para la cabeza, ni debe trenzarse el pelo, ni usar otros zapatos, excepto los que están hechos de fieltro o de piel de los animales del sacrificio» (citado en las *Cartas a Timoteo, Tito y Filemón* de William Barclay ed. rev. [Filadelfia: Westminster, 1975], 67–68).

Tanto Pablo como Timoteo estaban interesados en que la iglesia de Éfeso diera un testimonio piadoso ante la sociedad. El hecho de que las creyentes imitaran el estilo de vestir despreocupado y llamativo de las paganas, que estaba diseñado para llamar la atención sobre sí mismas y seducir a los hombres para que tuvieran relaciones sexuales ilícitas con ellas, era una blasfemia contra el espíritu del servicio de adoración.

Un segundo problema específico era el deseo que tenían algunas mujeres de hacer *alarde de sus riquezas*. En el primer siglo, la pobreza era generalizada. Para los pobres era imposible adquirir las vestiduras que portaban los ricos. En la actualidad, la buena ropa es relativamente asequible para muchos en nuestra sociedad occidental. Pero en el tiempo del Nuevo Testamento, un vestido de una mujer rica podía costar hasta 7,000 denarios (puesto que un denario equivalía al salario de un día de un trabajador promedio, esa cantidad equivalía a más de 19 años del salario de un trabajador promedio). Cuando una mujer rica entraba al templo llevando un vestido costoso, causaba sensación e interrumpía el servicio de adoración.

Además de los vestidos costosos, las ricas también hacían alarde de su riqueza usando elaborados peinados entretejidos con joyas preciosas (que es a lo que se refiere la frase *«peinado ostentoso»* del *v. 9*). También acostumbraban usar anillos y aretes de oro y adornaban de oro sus sandalias y vestidos.

En su obra *Los sacrificios de Caín y Abel,* Filo, filósofo judío del primer siglo, describió a una prostituta diciendo que portaba numerosas cadenas y brazaletes de oro y que su pelo estaba cuidadosamente peinado con llamativas trenzas. Llevaba los ojos delineados con diferentes colores y sus cejas cubiertas de tintura. Asimismo portaba costosas vestiduras bordadas suntuosamente con muchas flores.

Observe que la Biblia no prohíbe a las mujeres trenzar su cabello o poseer oro, perlas y buena ropa. Tanto la novia de Salomón (*Cantares 1:10*) como la mujer que se describe en *Proverbios 31:22* poseían vestiduras costosas. Existe un tiempo y un lugar apropiados para usarlos, como confirman las palabras de *Isaías 61:10*: *«En gran manera me gozaré en Jehová, mi alma se alegrará en mi Dios; porque me vistió con vestiduras de salvación, me rodeó de manto de justicia, como a novio me atavió, y como a novia adornada con sus joyas»*.

Pero con frecuencia, la joyería se usaba y sigue usándose para exhibir la riqueza de una mujer o para llamar la atención sobre sí misma de manera inapropiada. Ese es el uso que Pablo prohíbe en el lugar de adoración. Cuando una mujer se viste para el culto con el fin de atraer la atención sobre sí misma, está faltando al propósito que tiene la adoración (*1ª de Pedro 3:3–4*).

Hace algunos años, después de predicar en la iglesia me dirigí a la salida del santuario donde se me acercó una mujer que no estaba correctamente vestida para la ocasión. Ella alargó su mano y me mostró una costosa cadena de oro tratando de vendérmela. Este es un ejemplo extremo, pero hay muchas otras insinuaciones sutiles que se llevan a cabo dentro de la iglesia. Quien no se da cuenta de esto es que tiene la cabeza enterrada en la arena. Si no, observe cuántos pastores han caído presos del pecado sexual y las muchísimas iglesias que han tenido que lidiar con la inmoralidad y la pornografía. Esa es una de las razones que tuvo Pablo para usar palabras tan duras en *1ª a Timoteo 2:9–10*.

Juan Crisóstomo, padre de la Iglesia del oriente que vivió en el siglo IV dijo en su homilía acerca de *1ª a*

Timoteo, hablando de la importancia de que las mujeres se vistieran con modestia al ir al culto de adoración: « ¿En qué consiste la 'ropa decorosa'? Se refiere a los vestidos que cubren completa y decentemente el cuerpo, carentes de adornos superfluos; incluye sólo aquellos que son apropiados y no excesivos. ¿Acaso os acercaréis a Dios para orar con peinados ostentosos y adornos de oro? ¿Acaso habéis venido a un baile? ¿A una boda? ¿A una presentación humorística? En ese caso, las vestiduras costosas son apropiadas, pero en la iglesia ninguna de ellas es correcta. Habéis venido a orar, a suplicar por el perdón de vuestros pecados, a rogar por vuestras ofensas, a buscar al Señor con el deseo de ser aceptas delante de él y para que él sea propicio a vosotras... ¡Haced a un lado esa hipocresía!»

La Iglesia es para la adoración, no para el espectáculo. Me molesta cuando escucho personas que afirman ser cristianas y se preocupan demasiado por su apariencia. Siempre que la gente usa el culto de adoración para llamar la atención sobre sí misma, pueden ocurrir grandes tragedias en la Iglesia.

Los motivos correctos

Una esposa cristiana debe ser atractiva por su carácter piadoso, no por sus vestiduras. En su atuendo y actitud debe mostrar amor y devoción a su esposo. Asimismo, debe tener un corazón humilde consagrado a la adoración a Dios.

Por otro lado, las mujeres solas deben saber que el culto de adoración no es el lugar apropiado para tratar de atrapar a los hombres. Igualmente deben entender que es más importante que alguien se sienta atraído por su carácter piadoso y santo que por su apariencia.

¿Cómo pueden saber, tanto las casadas como las solteras, que están vestidas adecuadamente para el culto de adoración? Sencillamente, examinando sus motivaciones. Una mujer debe hacerse la pregunta: *¿Por qué me visto así? ¿Cuál es mi objetivo? ¿Estoy tratando de atraer la atención hacia Dios, o hacia mi persona? ¿Es muy llamativo lo que tengo puesto, o se considera apropiado para esta ocasión?*

1ª de Pedro 3:3-4 es un pasaje paralelo a *1ª a Timoteo 2:9–10*. Pedro dijo: *«Vuestro atavío no sea el externo de peinados ostentosos, de adornos de oro o de vestidos lujosos, sino el interno, el del corazón, en el incorruptible ornato de un espíritu afable y apacible, que es de grande estima delante de Dios»*. Al igual que el apóstol Pablo, Pedro enfatizó que una mujer no debe preocuparse demasiado por lo que se pone, sino por lo que lleva por dentro.

La actitud de las mujeres (1ª Timoteo 2:9b)

«Con pudor y modestia»

Pudor

El término griego que se traduce *«pudor»* es *aidōs*, y se refiere al recato mezclado con humildad. Denota un sentido de vergüenza, pero no por ser mujer, sino vergüenza de incitar la lascivia o de distraer a otros del correcto culto a Dios. Una mujer que tiene un adecuado sentido del pudor no se viste para provocar tentación. *Aidōs* implica que moralmente se rechaza cualquier cosa deshonrosa para Dios. Una mujer que tiene temor de ofender a Dios no hará ninguna cosa para que alguien tropiece.

Una mujer devota odia tanto el pecado, que evitará todo aquello que provoque a otro a pecar. Sin duda, esto es consistente con las palabras de nuestro Señor, que dijo:

> *Y cualquiera que haga tropezar a alguno de estos pequeños que creen en mí, mejor le fuera que se le colgase al cuello una piedra de molino de asno, y que se le hundiese en lo profundo del mar. ¡Ay del mundo por los tropiezos! porque es necesario que vengan tropiezos, pero ¡ay de aquel hombre por quien viene el tropiezo! ...Mirad que no menospreciéis a uno de estos pequeños; porque os digo que sus ángeles en los cielos ven siempre el rostro de mi Padre que está en los cielos.*
>
> (*Mateo 18:6-7,10*)

Modestia

En griego, este término es *sōphrosunē*, que significa *«cordura»*, el *«control interno habitual del yo, con su refrenamiento constante de todas las pasiones y deseos»*.

Una mejor traducción de él es *«dominio propio»*. En la literatura extrabíblica, se usa *sōphrosunē* para hablar del control total que uno ejerce sobre sus pasiones y deseos sexuales. Los griegos tenían esta virtud en alta estima. Eurípides la llamó «el don más preciado de los dioses» (Marvin R. Vincent, *Word Studies in the New Testament,* «Estudio de las Palabras del Nuevo Testamento» [Grand Rapids: Eerdmans, 1946], 4:224). En su obra *La República,* Platón dijo que es una de las cuatro virtudes cardinales.

Hay mucho peligro cuando los líderes de la Iglesia y las congregaciones como a las que Pablo escribió no ejercen el dominio propio. En *1ª a Timoteo 3,* el apóstol dijo tanto a los ancianos como a los diáconos de la Iglesia que debían ser *«maridos de una sola mujer»* (vv. 2, 12). Esa frase puede traducirse literalmente: «hombres con una sola esposa». El varón que tiene un puesto de liderazgo en la iglesia debe dedicarse completamente a su esposa. Creo que uno de los principales problemas de Éfeso era que los hombres no eran fieles a sus mujeres. Por eso, Satanás atacó a la iglesia trayendo mujeres seductoras para hacer caer a los hombres. Y sigue haciéndolo todavía el día de hoy.

También las congregaciones se ven afectadas de la misma manera cuando fallan al no ejercitar ese dominio propio. Esa era la situación en que se encontraba la iglesia de Éfeso. En *1ª a Timoteo 5:14* Pablo puso énfasis en la importancia de que las viudas jóvenes se volvieran a casar. Él sabía que las mujeres solas que desean casarse son un peligro potencial para la pureza de la iglesia. Y esto sigue siendo cierto también en la actualidad.

La importancia de todo esto es muy evidente. La iglesia puede ser destinada a la adoración, o puede ser usada únicamente para que la gente se exhiba. Esto es lo que me molesta tan profundamente cuando veo los programas de televisión cristiana y encuentro personas que proclaman ser representantes del cristianismo. Afirman estar trabajando y sirviendo al Señor, pero desmienten sus dichos haciendo gala de una gran preocupación por su apariencia, lo cual es la antítesis de lo que dicen. Ciertamente esta no debería ser una de las tendencias de la iglesia. Pero en tiempos de Pablo, había mujeres egoístas que utilizaban las ocasiones en que se reunía la iglesia para atraer la atención sobre sí mismas, exhibir su belleza y sus riquezas así como su atractivo delante de los hombres. Ellas carecían de humildad, recato y modestia, y tenían muy poco control sobre sus propios deseos. Por supuesto que esto es una tragedia para la Iglesia.

En *Tito 2:4-5*, Pablo instruye a ese siervo en cuanto a la congregación de Creta, diciéndole que las mujeres mayores deben enseñar a las más jóvenes: *«a amar a sus maridos y a sus hijos, a ser prudentes, castas, cuidadosas de su casa, buenas, sujetas a sus maridos, para que la palabra de Dios no sea blasfemada»*. En vez de hacer el bien, algunas mujeres estaban ocasionando problemas en la congregación.

Otro ejemplo se halla en la iglesia de Corinto. En *1ª a los Corintios 5,* Pablo reprendió a los creyentes de esa iglesia porque toleraban una penosa situación que involucraba un pecado sexual. Éste consistía en una forma de incesto, ya que un hombre estaba teniendo una aventura amorosa con la esposa de su padre; es decir, con su madrastra. En lugar de lamentar tan grave pecado, los corintios alardeaban de él (*v. 2*). Según *1ª a los Corintios 6:13,* incluso trataban de justificarlo citando lo que tal vez era un proverbio griego muy conocido: «La comida es para el cuerpo y el cuerpo para la comida». Para ellos, el sexo, como la comida, era meramente una función biológica. Pero el apóstol advirtió a los hermanos para que huyeran del pecado sexual (*v. 18*). Creo que el problema era que tanto en la iglesia de Corinto como en las de Éfeso y Creta las mujeres venían a la congregación con motivaciones inapropiadas.

El fracaso en el dominio propio tiene graves consecuencias y merece castigo. En *Isaías 3:16-26,* Dios pronunció un juicio contra las mujeres que se visten para atraer la atención sobre sí mismas.

Asimismo dice Jehová:

> *Por cuanto las hijas de Sion se ensoberbecen, y andan con cuello erguido y con ojos desvergonzados; cuando andan van danzando, y haciendo son con los pies; por tanto, el Señor raerá la cabeza de las hijas de Sion, y Jehová descubrirá sus vergüenzas.*

Aquel día quitará el Señor el atavío del calzado, las redecillas, las lunetas, los collares, los pendientes y los brazaletes, las cofias, los atavíos de las piernas, los partidores del pelo, los pomitos de olor y los zarcillos, los anillos, y los joyeles de las narices, las ropas de gala, los mantoncillos, los velos, las bolsas, los espejos, el lino fino, las gasas y los tocados.

Y en lugar de los perfumes aromáticos vendrá hediondez; y cuerda en lugar de cinturón, y cabeza rapada en lugar de la compostura del cabello; en lugar de ropa de gala ceñimiento de cilicio, y quemadura en vez de hermosura.

Tus varones caerán a espada, y tu fuerza en la guerra. Sus puertas se entristecerán y enlutarán, y ella, desamparada, se sentará en tierra.

No es pecado usar joyería o ropas costosas, pero sí lo es usarlas con propósitos malvados. Los vestidos que reflejan motivaciones impuras no tienen lugar en la iglesia.

Reflexione

1. ¿Quién está detrás del ataque contra el papel diseñado por Dios para hombres y mujeres?
2. Describa las circunstancias que movieron a Pablo a escribir *1ª a Timoteo.*
3. ¿Cuál fue el propósito principal del apóstol al escribir *1ª a Timoteo 3:14-15*?

4. ¿Cuáles eran algunos de los principales problemas que involucraban a las mujeres de la iglesia de Éfeso?

5. ¿Qué significa la frase *«asimismo»* en el *v. 9*?

6. Describa el escenario cultural en el cuál se encontraba la iglesia de Éfeso en cuanto a la ropa de las mujeres.

7. ¿Falso o verdadero? Según la Biblia, siempre está mal que las mujeres usen joyas y vestiduras costosas.

8. ¿Cómo puede saber una mujer si está vestida correctamente para asistir al culto de adoración?

9. Una mujer no debe estar preocupada con______________________________ sino con_
____
_______________.

10. ¿Cuál debe ser la actitud de una mujer en cuanto a distraer a alguien para que no adore a Dios?

11. ¿Por qué habrá incluido Pablo la frase "esposo de una sola mujer" como una de las característica de los líderes eclesiásticos?

12. ¿Cómo defendían los corintios su complacencia con el pecado sexual (cf. *1ª a los Corintios 6:18*)?

13. ¿Cuál es el consejo que da Pablo para evitar el pecado sexual? (cf. *1ª a los Corintios 6:18*).

Reflexione

1. *1ª a Timoteo 2:9* enfatiza la importancia de prepararnos para el servicio de adoración. Cuando usted asiste a la iglesia, lo más importante no es qué tan bien se prepara el predicador y los músicos, sino qué tan bien se prepara usted para adorar a Dios. Cuando se esté preparando para el culto, hágase la siguiente pregunta: *¿Soy sincero? ¿Está centrada en Dios toda mi atención? ¿Vengo a adorar al Señor sabiendo que su aceptación de mi persona se basa únicamente en lo que Cristo hizo por mí? ¿Vengo con un corazón puro, habiendo confesado los pecados que hay en mi vida? ¿Vengo a ser un mero espectador o un participante?*

2. Aunque *1ª a Timoteo 2:9* enseña la importancia de las actitudes que debe tener la mujer, así como las vestiduras apropiadas que debe usar para evitar el pecado sexual, los hombres también son responsables. En *2ª* a *Timoteo 2:22* Pablo instruyó a su consiervo a huir de las pasiones juveniles. Hombres, cuando ven a una mujer vestida en forma provocativa (dentro o fuera del culto de adoración), ¿cuál es su reacción? ¿Se quedan mirando o pueden decir lo que decía Job? *«Hice pacto*

con mis ojos; ¿cómo, pues, había yo de mirar a una virgen?» (*Job 31:1*) ¿Está obedeciendo el mandato de Pablo de huir de las pasiones, o hace caso omiso de él y se dedica a leer libros y revistas inconvenientes, a ver programas de televisión, películas o sitios de Internet que de antemano sabe que contienen escenas indecorosas? Memorice *Job 31:1*; *1ª a los Corintios 6:18* y *2ª a Timoteo 2:22*. Después ponga en práctica sus enseñanzas poniéndose bajo la supervisión de un hermano en Cristo espiritualmente maduro para rendirle cuentas de sus pensamientos, lecturas o hábitos de ver materiales sexualmente incitantes.

2

El llamado Sublime de Dios para la mujer

1ª a Timoteo 2:10–11

«...sino con buenas obras, como corresponde a mujeres que profesan piedad. La mujer aprenda en silencio, con toda sujeción.»

Uno de los problemas que enfrentaba Timoteo en la iglesia de Éfeso era que algunas mujeres estaban usurpando el papel de los hombres y deseaban ser las maestras oficiales. Otras estaban profanando el servicio de adoración acudiendo a la iglesia con actitudes incorrectas y vestidos inapropiados. Su comportamiento contradecía su profesión de fe y la verdadera adoración a Dios. En *1ª a Timoteo 2:9–15*, el apóstol Pablo da instrucciones en cuanto al papel de las mujeres en la iglesia, un asunto que sigue estando vigente el día de hoy.

Es muy trágica la forma en que actualmente se está destruyendo el propósito que tuvo Dios al crear a la mujer. Vemos que están siendo continuamente atacados y mal interpretados tanto el papel como la función de la mujer. Como consecuencia, se ha visto afectado su diseño divino y su bienestar en la vida, así como su significado y sentido de satisfacción. Lo más triste es que las mujeres no son ganadoras, sino víctimas de esto. Se les dice que sean atrevidas, asertivas, independientes, competitivas, que tomen el liderazgo, que ejerzan la autoridad, que se conviertan en el sostén del hogar, que se levanten al mismo nivel funcional del hombre y que no acepten un lugar secundario en nada de ello. Tristemente, hay iglesias e instituciones evangélicas, universidades y seminarios que han adoptado esta filosofía como propia a pesar de que la Palabra de Dios es completamente clara en este asunto.

En esta era del posmodernismo, esas personas están dispuestas, aun pasando sobre la generación anterior, a rechazar toda la enseñanza bíblica o a torcerla y mal interpretarla para que encaje con esas nuevas actitudes. O tal vez simplemente quieren olvidar tantos siglos de creencias cristianas. Esto es muy trágico porque las mujeres no están saliendo beneficiadas con esto; más bien se les hace un perjuicio al lanzarlas a cumplir papeles que Dios nunca quiso que cumplieran.

Hace poco estuve pensando que si pudiera identificar bíblicamente una sola *actitud* que fuera la actitud suprema por excelencia, la más deseable desde el punto de vista divino, sería la *humildad*. Y si tuviera que identificar una *actividad* que fuera la más deseable, sería la del *servicio*.

Combinando las dos, puedo decir que la Biblia enseña que el esfuerzo supremo de un creyente debe ser el *servicio humilde*. Entonces, para una mujer el ofrecer un servicio humilde es tomar la delantera al hombre y alcanzar el nivel máximo que Dios quiere para sus criaturas. Su meta más sublime debe ser realizar el servicio humilde que Dios diseñó para ella, bajo la dirección y protección del hombre. Pero cuando se pervierte este principio, surge el caos en la sociedad y en la iglesia. Esto es algo que estamos viendo hoy día, pero no solamente nosotros lo hemos tenido que enfrentar. Cuando regresamos a ver la 1ª carta a Timoteo, encontramos que la Iglesia del primer siglo tenía un problema similar. Algunas mujeres de esa congregación vivían en forma inadecuada o deshonesta. Esto lo vemos en el capítulo cinco.

Pero algunas mujeres no sólo vivían en forma impura y pecaminosa, también había otras que estaban usurpando el papel de los hombres en la iglesia. Anhelaban los puestos de liderazgo. Por otro lado, había mujeres que exhibían sus encantos físicos y belleza durante los servicios de adoración, lo que constituía una severa distracción para los demás. Seductoramente trataban de atraer a los hombres para que dejaran a sus esposas y además había otros asuntos bastante graves que la iglesia necesitaba resolver.

En *1ª a Timoteo 2:9–15,* Pablo trata dos asuntos: el de las mujeres que querían dirigir la iglesia y el de las que se vestían en forma indecente para ir a la iglesia. Venían al culto, pero en realidad su deseo era exhibirse usando vestiduras indecentes con un propósito egoísta y pecaminoso. Por eso, Pablo instruyó a Timoteo diciéndole que enseñara a la iglesia correctamente acerca de esa conducta indecente y de la perversión de roles.

A medida que estudiemos los versículos 9 al 15, veremos que hay seis elementos que definen el diseño para la mujer y el lugar que ocupa en la Iglesia. Pablo se refiere a su apariencia, actitud, testimonio, papel, diseño y contribución.

En nuestro capítulo anterior, discutimos la apariencia y actitudes de las mujeres como aparecen en *1ª a*

Timoteo 2:9. En este, analizaremos al testimonio y papel de las mujeres.

El testimonio de las mujeres (v. 10)

«sino con buenas obras, como corresponde a mujeres que profesan piedad»

La importancia del testimonio de las mujeres

Pablo estaba interesado en que el testimonio de la mujer fuera consistente. «Como corresponde» (*agathōn*) se refiere a las obras que son realmente buenas, no sólo en apariencia. La palabra griega que se traduce como «profesan» (*epangellō*), significa «hacer un anuncio público». Cualquier mujer que ha anunciado públicamente su entrega al Señor debe conducirse de una manera consistente con esa profesión de fe.

«Piedad» (en griego *theosebeia*) tiene el significado básico de reverenciar a Dios. Cuando una persona afirma que es cristiana, él o ella está afirmando que adora y sirve a Dios. Cualquier mujer que afirma que sirve y adora a Dios, debe conducirse con toda piedad. Hacer lo contrario provocaría críticas al nombre de Cristo. Una mujer no puede profesar que teme a Dios y al mismo tiempo hacer a un lado lo que Él dice en Su palabra acerca de su comportamiento. No puede contradecir el diseño divino para ella en la Iglesia y seguir afirmando que lo ama.

La profanación del testimonio femenino

El versículo 10 señala un problema nodal dentro del movimiento feminista moderno en la Iglesia. Una mujer que quiere servir y dar honra a Dios tampoco puede ignorar lo que Él dice en Su Palabra acerca del papel de las mujeres en ésta.

El centro del testimonio de la mujer

La evidencia que da una mujer que profesa piedad, es una vida que se caracteriza por las buenas obras. Sus hechos piadosos demuestran la autenticidad de su fe. Lo mismo se aplica a los hombres.

Este concepto del testimonio femenino es vital. Sin embargo, en este pasaje Pablo sólo lo menciona brevemente. Después, en los vv. 11–12, el apóstol inicia la discusión de su siguiente preocupación, una que tiene grandes ramificaciones y que se extiende por todo este capítulo de nuestro análisis y continúa en el siguiente.

El papel de la mujer (vv. 11–12)

> *«La mujer aprenda en silencio, con toda sujeción. Porque no permito a la mujer enseñar, ni ejercer dominio sobre el hombre, sino estar en silencio».*

Pablo sigue su enseñanza acerca de los deberes de la mujer durante el culto público definiendo su papel de aprendices y no de maestras. Aunque en ese contexto no deben ser maestras públicamente, tampoco deben ser eliminadas del proceso de aprendizaje como generalmente se hacía en los tiempos antiguos.

La palabra griega que se traduce «aprenda» (*manthanō*) se encuentra en modo imperativo, indicando que es un mandato. Pablo ordenó que las mujeres fueran enseñadas. Puesto que esta sección de *1ª a Timoteo* está instruyendo acerca de cómo debe conducirse la iglesia (vea 3:15), el aprendizaje debe realizarse mientras la iglesia está reunida. En *Hechos 2:42* vemos que la enseñanza era una prioridad de suma importancia cuando se reunía la iglesia. Pablo *ordenó* que las mujeres fueran parte del proceso de aprendizaje.

A pesar de lo que algunos afirman en contra, la enseñanza y la adoración no son mutuamente excluyentes. Más bien, el conocimiento de Dios y Su Palabra estimulan la adoración. No olvidemos que ésta debe ser en espíritu *y* en verdad (*Juan 4:20–24*).

Uno de los problemas de la iglesia de Éfeso era que algunos creyentes de origen judío todavía seguían aferrados al judaísmo. Estaban muy interesados en las genealogías (*1ª a Timoteo 1:4*). Otros querían ser reconocidos como maestros de la ley (*1ª a Timoteo 1:7*). Sabemos que la tradición judía de esos días tenía una perspectiva muy baja de la mujer. No se le daba oportunidad de aprender. No se les prohibía ir a la sinagoga, pero tampoco las animaban a que acudieran.

La mayoría de los rabinos se negaban a saludarlas en público y creían que enseñarles era una pérdida de tiempo. Entonces, aunque no se les prohibía aprender, tampoco se les animaba a hacerlo.

La perspectiva judaica de la enseñanza a mujeres sin duda provocaba hasta cierto punto que se las reprimiera en la iglesia de Éfeso. Como reacción a esa posición extremista, algunas de ellas habían decidido buscar el liderazgo.

1ª a Timoteo 2:12 dice que las mujeres estaban enseñando y ejerciendo autoridad sobre los hombres. Pablo les dijo que dejaran de hacerlo. Pero antes de tratar el problema de las mujeres que querían usurpar el rol de los hombres, el apóstol primero aclaró el punto relacionado con el derecho que tiene la mujer de aprender. Su breve declaración *«la mujer aprenda en silencio»* muestra que hay igualdad en los sexos en lo que se refiere a la vida espiritual y las bendiciones.

El papel de la mujer en el Antiguo Testamento

A pesar de la tradición judaica, el Antiguo Testamento *no* enseña que las mujeres sean inferiores. Más bien, dice que espiritualmente, hombres y mujeres son iguales. Ellas tenían las mismas responsabilidades que ellos, las cuales incluían obedecer la ley. Los diez mandamientos de Éxodo 20 fueron dados tanto a hombres como a mujeres. Desde el inicio, Dios estableció el principio de que ambos sexos son responsables de obedecer Sus leyes.

Deuteronomio 6:6–7 dice que tanto hombres como mujeres son responsables de enseñar a sus hijos a obedecer la ley de Dios y a amarlo. *Proverbios 6:20* dice: «Guarda, hijo mío, el mandamiento de tu padre, y no dejes la enseñanza de tu madre». La premisa es que ambos sexos eran igualmente responsables de enseñar la ley de Dios a los hijos, lo cual implica que debían conocerla bien. Asimismo, se conminaba a hombres y mujeres del Antiguo Testamento a participar en los festivales. En *Éxodo12,* todos se involucraban en la pascua, una de las más grandes celebraciones del calendario judío.

Tanto varones como mujeres recibían la misma protección cuando se cometía un crimen. Los castigos que se imponían por crímenes contra mujeres eran iguales a los que se aplicaban por crímenes contra los hombres (*cf. Éxodo 21:28–32*). Dios le dio el mismo valor a la vida de un hombre y a la de una mujer. Ellas también podían hacer los mismos votos que los varones. El voto más grande que podía hacer un israelita era el de volverse nazareo. Consistía en un juramento de separarse del mundo y dedicar su devoción a Dios. Tanto hombres como mujeres podían hacer ese voto (*Números 6:2*).

Hombres y mujeres tenían el mismo acceso a Dios. Él trató directamente con las mujeres del Antiguo

Testamento. No utilizaba a los hombres cada vez que quería comunicarse con ellas. Por ejemplo, el ángel del Señor (una manifestación de Cristo antes de su encarnación) se apareció a Agar (*Génesis 16:8–13*) y a la madre de Sansón (*Jueces 13:2–5*). Asimismo, las mujeres tenían los mismos privilegios que los hombres del Antiguo Testamento. Ellas y ellos servían a Dios en formas especiales. *Nehemías 7:67* habla de un coro formado por 245 cantantes entre hombres y mujeres que dirigían la alabanza del pueblo por medio de la música. Según *Éxodo 38:8*, las mujeres ministraban a la puerta del tabernáculo de reunión, posiblemente para instruir a las que venían al culto de adoración o para enseñarlas a limpiar el área del tabernáculo. Tomando pasajes tales como *Deuteronomio 12:10–12, 1º de Samuel 1, y 2º de Samuel 6*, observamos que las mujeres participaban en las grandes celebraciones nacionales de Israel.

Entonces, las mujeres tenían la responsabilidad de obedecer la ley y enseñar a sus hijos, al igual que los hombres. Participaban de la vida religiosa de Israel y servían a Dios. Lejos de darles una posición inferior, el Antiguo Testamento les daba igualdad espiritual con los hombres.

No obstante, aunque ellas compartían la *igualdad espiritual* con los hombres del Antiguo Testamento, no tenían el mismo *papel,* y esto no disminuye su espiritualidad.

Las mujeres del Antiguo Testamento no ministraban como líderes. Tampoco hubo mujeres que gobernaran a Israel o Judá. Débora fue una juez que actuó principalmente como un árbitro, no como una líder permanente. Eso explica por qué llamó a Barac cuando necesitó a un líder militar para dirigir la guerra contra los cananeos (*Jueces 4–5*). La reina Atalía fue una usurpadora y no una reina legítima (*2º de Reyes 11*). Tampoco se mencionan mujeres sacerdotisas en el Antiguo Testamento. Hasta donde sabemos, ninguna mujer escribió alguna parte del Antiguo Testamento.

Además, las mujeres no tuvieron un ministerio profético continuo como el que tuvieron Elías y Eliseo. Aún así, hay cinco mujeres del Antiguo Testamento que se consideran profetisas.

1. *María:* Ella fue la hermana de Moisés y se le llama profetisa en *Éxodo 15:20*. Quizá se le llama así porque dio una breve revelación en el v. 21. Pero no se conoce ninguna otra ocasión en que realizara el ministerio profético.

2. *Débora:* Ella se describe como profetisa en *Jueces 4:4* porque Dios la usó para entregar una revelación directa a Barac. Pero no existe otra ocasión en que ella realizara el ministerio profético.

3. *Hulda:* Dio una revelación divina a el sacerdote Hilcías y a otros hombres respecto al

inminente juicio sobre Jerusalén y Judá (*2º de Reyes 22:14–22; 2º de Crónicas 34:22–28*). No existe otra instancia registrada en que ella hablara como profetisa

4. *Noadías:* Ella fue una profetisa falsa que se opuso al trabajo de Nehemías de reconstruir los muros de Jerusalén (*Nehemías 6:14*).

5. *La esposa de Isaías:* En *Isaías 8:3* se menciona que era profetisa porque dio a luz a un hijo cuyo nombre tenía un significado profético. Pero no hay ningún registro de que proclamara una profecía. Este pasaje indica que la palabra *profetisa* puede usarse en forma muy general.

El Antiguo Testamento sí hace una diferencia entre el *papel* de hombres y mujeres. Las mujeres no son inferiores a ellos, pero sí tienen un papel diferente.

El papel de la mujer en el Nuevo Testamento

El Nuevo Testamento también enseña la misma igualdad espiritual entre hombres y mujeres, pero incluye roles definidos para cada uno. En *Gálatas 3:28* se declara la igualdad espiritual para hombres y mujeres: *«Ya no hay judío ni griego; no hay esclavo ni libre; no hay varón ni mujer; porque todos vosotros sois uno en Cristo Jesús»*. En el contexto de Gálatas, la unidad que se menciona aquí se refiere a la salvación. Esto queda claro por lo que dice en los *vv. 13–27*. El punto de Pablo es que toda clase de personas, judíos y gentiles, esclavos y libres, hombres y mujeres, tienen el mismo acceso a la salvación que Cristo ofrece. El pasaje no tiene nada que ver con el papel de las mujeres en la Iglesia, ni tampoco enseña que deben eliminarse todas las diferencias entre cristianos. Una persona judía no dejaba de ser judía cuando él o ella se convertían al cristianismo, y los esclavos no quedaban libres automáticamente. Algunas distinciones quedaron vigentes.

Mientras que muchos usan ese versículo para justificar que las mujeres deben tomar el liderazgo en la iglesia, el contexto enseña que Pablo está hablando de la salvación (*Gálatas 3:22, 24, 26, 27*). Robert Saucy dijo:

> La pregunta de interpretación [de *Gálatas 3:28*] es: ¿Cuál es la diferencia entre hombre y mujer que desaparece en Cristo? Para decirlo de otra manera, a la luz de la declaración del apóstol que dice: «todos vosotros sois uno en Cristo», ¿cuál es la unidad que comparten el varón y la mujer en el Señor? Me gustaría sugerir... que las respuestas a estas preguntas no tienen ninguna relación con el orden funcional entre hombres y mujeres. Como en los otros dos pares mencionados (judíos y griegos, esclavos y libres), más bien se refiere al estado espiritual que ambos tienen ante Dios... Decir que este pasaje habla del establecimiento del orden

> funcional en la sociedad humana es imputarle un significado que no está justificado desde el punto de vista de la exégesis contextual. Por lo tanto, en *Gálatas 3:28* no hay ninguna base para abolir el orden que hay entre hombre y mujer en la iglesia como no la hay para abolir el orden que hay entre padres e hijos creyentes o entre ciudadanos y gobernantes creyentes, puesto que todos son uno en Cristo, ya sea dentro o fuera de la organización de la iglesia. ("The Negative Case Against the Ordination of Women", *El Caso Negativo Contra la Ordenación de Mujeres* en Kenneth S. Kantzer y Stanley N. Gundry, eds., *Perspectives on Evangelical Theology,* «Perspectivas de la Teología Evangélica» (Grand Rapids: Baker, 1979, 281–82)

Tanto hombres como mujeres comparten las mismas responsabilidades espirituales. Todos los mandamientos, promesas y bendiciones que hay en el Nuevo Testamento se dieron igualmente a unos como a otras. Todos tenemos los mismos recursos espirituales y encomiendas.

Es muy interesante que a la primera persona que Jesús le reveló que era el Mesías fue a una mujer (*Juan 4*). Él sanó a mujeres (*Mateo 8:14–15*), mostrándoles tanta compasión como a los hombres. Él enseñó a mujeres (*Lucas 10:38–42*) y les permitió que le sirvieran (*Lucas*

8:3). En la cruz, las mujeres permanecieron junto a él después que todos sus discípulos varones huyeron (*Mateo 27:55–56*). Una mujer fue la primera que vio a Cristo resucitado (*Marcos 16:9; Juan 20:11–18*).

Sin embargo, al igual que en el Antiguo Testamento, hombres y mujeres tenían papeles diferentes. Las mujeres no ministraban como líderes. En el Nuevo Testamento no se menciona que hubiera una mujer apóstol, pastora, maestra, evangelista o anciana. Tampoco se registra ningún sermón o doctrina enseñados por una mujer.

En segundo lugar, las mujeres no tuvieron un ministerio profético continuo. Algunos dicen que las hijas de Felipe eran profetisas (*Hechos 21:9*). No obstante, el escritor no se refiere a ellas como tales, ni existen indicaciones de cuán frecuentemente profetizaban. Tal vez hablaron en una sola ocasión, como lo hicieron Débora y María en el Antiguo Testamento. Sí se registran ocasiones en que las mujeres hablaron la Palabra de Dios. María, la madre de Jesús, habló la Palabra de Dios en *Lucas 1:46-55*. *1ª a los Corintios 11:5* dice que las mujeres que profetizan deben tener la cabeza cubierta. *Hechos 2:17* menciona que las mujeres profetizaron. La palabra griega que se traduce como *«profecía»* significa *«hablar»* o *«proclamar»*. Hay ocasiones y lugares en que las mujeres hablan la Palabra de Dios, pero es muy diferente a que se les identifique como pastoras, maestras, ancianas, evangelistas o apóstoles.

Las mujeres tienen un lugar muy importante en el plan de Dios, y espiritualmente son iguales a los hombres. Sin embargo, no tienen la misma función o papel que el hombre. Debido a que las mujeres son iguales en lo espiritual, Pablo insistió en que se les proporcionen las mismas oportunidades de aprender como los hombres. Si no fuera así, ellas no podrían enseñar las verdades espirituales a sus hijos (como lo hicieron la madre y la abuela de Timoteo), llevar personas a Cristo, u obedecer a Dios, si no tuvieran la oportunidad de aprender. Es evidente que el apóstol Pablo quería enseñar las diferencias que hay entre los roles de hombres y mujeres, y de ninguna manera implicó que ellas sean inferiores en lo espiritual. Por eso, él dijo: *«la mujer aprenda»* (*v. 11*).

Me gustaría compartir con usted algo muy personal. A través de los cuarenta años que llevo en mi iglesia, doy gracias a Dios por el asombroso ministerio que las mujeres han tenido en ella. Quiero que sepa que la *Iglesia Comunidad de Gracia* (Grace Community Church) no estaría en el lugar que ocupa y recibiendo tantas bendiciones de Dios, si no fuera por las mujeres de esta iglesia. Nunca he visto una congregación con tantas mujeres espiritualmente proactivas y fieles, que honran a Cristo. No conozco otra iglesia donde las mujeres se sientan tan libres, gozosas y emocionadas de llevar a cabo su ministerio.

Vista desde afuera, mi iglesia a veces ha sido acusada de ser machista, cerrada, anticuada y tradicionalista. Se nos acusa de pertenecer a la edad de los dinosaurios. Pero en verdad, doy gracias a Dios porque en todos los años que llevo ministrando en ella, se ha dado una gran prioridad a que la mujer aprenda. Es un gozo para mí que las mujeres estén aprendiendo en la iglesia *Comunidad de Gracia* desde sus inicios, cuando todos los martes por la mañana yo les imparto un estudio bíblico, hasta el día de hoy, en que las mujeres pueden aprender en muchas ocasiones, lugares, capacidades y hasta idiomas. Impartimos un estudio bíblico para mujeres llamado «La Gracia de Toda Mujer» (Every Woman's Grace), en español, coreano y filipino (y por supuesto, en inglés). Mujeres de todos los trasfondos están aprendiendo la Palabra de Dios.

Sin duda, esto fortalece todas las dimensiones de la vida de la iglesia. Dios bendice a muchos hombres de mi iglesia y ellos deben estar agradecidos con el Señor porque sus esposas han crecido y aprendido cosas de la Palabra de Dios que enriquecen tanto sus propias vidas como las de su familia.

Alabo a Dios por ello. Creo que las mujeres de la iglesia *Comunidad de Gracia* han experimentado la verdadera libertad que necesitan para ser todo lo que Dios quiere que ellas sean dentro del rol que Dios les ha asignado. Doy gracias a Dios por la consagración de las mujeres de mi iglesia y de toda la Iglesia, a cumplir con la necesidad que tiene la mujer de aprender. Esto es lo que dijo Pablo: *«la mujer aprenda»*.

Repaso

1. ¿Cuáles eran algunos de los problemas que había en la iglesia de Éfeso respecto a las mujeres?
2. ¿Por qué es importante que el testimonio de una mujer sea congruente con su profesión de fe?
3. El testimonio de una mujer que profesa piedad es llevar una vida de __________ ______________________________.
4. Según Hechos 2:42, ______________ era una alta prioridad cuando se reunía la iglesia.
5. Resuma en sus propias palabras el lugar de la mujer en el judaísmo del primer siglo.
6. Falso o verdadero: La perspectiva judía acerca de la mujer influyó en la manera en que se trataba a las mujeres en la iglesia de Éfeso.
7. Falso o verdadero: El Antiguo Testamento, en conformidad con la tradición judaica, enseña que las mujeres son espiritualmente inferiores.
8. Mencione algunas responsabilidades espirituales que hombres y mujeres compartían en el Antiguo Testamento.
9. ¿En qué difería el rol de hombres y mujeres en el Antiguo Testamento?

10. ¿Enseña Gálatas 3:28 que deben eliminarse todas las diferencias entre hombres y mujeres? Explique.

11. ¿Trató Jesucristo a las mujeres como inferiores a los hombres? Base su respuesta en las Escrituras.

12. ¿Por qué es importante que las mujeres aprendan las verdades espirituales?

Reflexione

1. La iglesia de Éfeso estaba siendo influenciada por las perspectivas prevalentes en la sociedad de aquella época con respecto a las mujeres. Lo mismo puede decirse de la iglesia de hoy. A menudo, ésta es influenciada por el mundo en lugar de ella influir sobre el mundo. ¿Las opiniones y perspectivas que usted tiene han sido formadas por la sociedad, o por la Palabra de Dios? Piense en la posición que usted tiene en asuntos tales como el papel de la mujer, el aborto, la homosexualidad, creación y evolución, la responsabilidad cristiana ante el gobierno, las demandas ante los tribunales, el divorcio y nuevo casamiento. Pase un tiempo orando y pídale a Dios que le dé el valor de mantenerse firme en esos asuntos basándose en la Biblia, sin importar el punto de vista que propague la sociedad. Después pídale a

Dios que la Iglesia como un todo se mantenga firme y defienda la verdad divina.

2. Jesucristo ministró a todo tipo de gente, incluso a la que su cultura consideraba inferior. Él ayudó a los pobres, leprosos y cobradores de impuestos. ¿Es usted selectivo en cuanto a quiénes decide servir? ¿Se acerca a las personas difíciles y a los extraños que llegan a su iglesia y grupo de estudio bíblico, o se mantiene a distancia sólo con sus amigos? La próxima vez que vea a una persona que tiene necesidad y se sienta tentado a alejarse de ella, porque no es parte de sus conocidos, recuerde el ejemplo de Jesús y la enseñanza de *Santiago 2:1–9*.

3

El llamado Sublime de Dios para la mujer

1ª a Timoteo 2:11

«La mujer aprenda en silencio, con toda sujeción.»

Catharine Beecher fue la mayor de todos sus hermanos. Una de sus hermanas menores fue la novelista Harriet Beecher Stowe, autora de *Uncle Tom's Cabin,* «La Cabaña del Tío Tom». Catharine creció sintiendo un gran amor por los niños y su gozo era cuidarlos y ayudarlos durante su etapa de crecimiento. Su madre era una hábil ama de casa y le enseñó a cuidar del hogar.

Cuando Catharine tenía dieciséis años, murió su madre y una de sus tías vino a vivir con ellos. Esa tía observó su limpieza y habilidad para manejar la casa en forma ordenada y económica. Posteriormente su padre se casó y su madrastra también era una experta ama de casa. Bajo la dirección de esas mujeres piadosas, Catharine Beecher decidió a su vez entrenar a otras mujeres para que realizaran mejor sus deberes domésticos. Cuando tenía veintitrés años, fundó el Seminario Femenino de Hartford, que preparaba a las mujeres para que amaran a sus esposos e hijos y administraran bien sus hogares.

En 1869, Catharine y Harriet escribieron el libro titulado *The American Woman's Home,* «El hogar de la mujer norteamericana» (New York: J. B. Ford). Ellas decían:

> La profesión de la mujer abarca el cuidado y atención de otros durante los períodos críticos de la infancia y la enfermedad; el entrenamiento de la mente humana en el

> período más impresionable de la infancia... así como la mayor parte del gobierno y economía de la familia. Estos deberes de la mujer son tan sagrados e importantes como los que se han asignado a los hombres; y sin embargo, a ella no se le han dado las ventajas de la preparación, ni existe un grupo calificado de eruditos que certifiquen en público que la mujer está debidamente preparada para cumplir con su profesión (14).

Su deseo era entrenar a las mujeres «no sólo a realizar de la mejor manera posible todos los quehaceres manuales de la vida doméstica, sino a honrar y disfrutar de esos deberes» (14–15).

Si en la actualidad una mujer quisiera organizar una universidad femenina para entrenar a las mujeres en sus responsabilidades domésticas, se convertiría en el hazmerreír del mundo occidental. Ese entrenamiento se opone a todo lo que la sociedad actual considera que es lo más importante.

Vivimos en una época en que la prioridad más alta de Satanás es cambiar los papeles entre hombres y mujeres. Una cosa sería si él dirigiera esa estrategia sólo al mundo, pero es más trágico cuando se infiltra en la Iglesia. Definitivamente, la Iglesia de hoy ha perdido la perspectiva y el equilibrio con respecto al papel de la mujer. Me sorprende a medida que pasa el tiempo, que un número cada vez mayor de personas creyentes en la Biblia, bajo la presión de la sociedad que las rodea, han empezado a cambiar sus ideas acerca de este importante asunto. Lo más triste es que están enseñando a las mujeres a negar el patrón establecido por Dios para vivir una vida gozosa.

Esto ya era un problema en la época de Catharine Beecher, lo es ahora, y también lo era en el tiempo en que Pablo escribió la primera carta a Timoteo. En *1ª a Timoteo 2:9–15*, el apóstol trata con amplitud el papel de las mujeres en la iglesia. Ya vimos en el *versículo 9* el tema de la apariencia y actitudes de las mujeres que él recomienda. En el capítulo anterior, vimos el testimonio de la mujer y empezamos nuestro análisis de su rol, incluyendo la igualdad espiritual de hombres y mujeres aunque tengan diferentes roles. En este capítulo, seguiremos nuestro estudio del *versículo 11* a medida que tratamos de entender lo que la Palabra de Dios dice acerca del importante llamado de Dios para las mujeres.

El papel de la mujer (vv. 11–12)

«La mujer aprenda en silencio, con toda sujeción. Porque no permito a la mujer enseñar, ni ejercer dominio sobre el hombre, sino estar en silencio»

La iglesia de Éfeso estaba ubicada en una ciudad dominada por la cultura y religión griega. Según William Barclay, la participación

> de la mujer en la religión griega era muy baja. El templo de Afrodita de Corinto contaba con mil sacerdotisas que eran prostitutas sagradas y todas las noches vendían sus favores por las calles de la ciudad. El templo de Diana de Éfeso tenía cientos de sacerdotisas llamadas las *Melissae,* que significa «abejas», cuya función era la misma. Por su lado, las mujeres griegas respetables llevaban una vida muy aislada. Vivían en sus aposentos particulares a los que nadie podía entrar, excepto su marido. Ni siquiera se presentaban durante las comidas. En ningún momento andaban solas por las calles y nunca asistían a las asambleas públicas. El hecho es que si las cristianas adoptaran el papel activo de hablar en el culto viviendo en una ciudad griega, inevitablemente la Iglesia se ganaría la reputación de permitir la participación de mujeres de mala fama. (*The Letters to Timothy, Titus, and Philemon,* «Las cartas a Timoteo, Tito y Filemón», ed. rev. [Filadelfia: Westminster, 1975], 67).

En el *v. 11,* el apóstol Pablo insiste en dos aspectos relacionados con las mujeres de la Iglesia: deben aprender en silencio y hacerlo con toda sujeción. La palabra griega que se traduce como *«silencio»* (*hēsuchia*), significa eso precisamente. Tenemos que obtener el significado exacto analizando el contexto. El término griego que se traduce como *«sujeción»* viene de *hupotassō*, que significa *«alinearse por debajo de»*. Las mujeres no deben ser rebeldes, sino servir cumpliendo con sus propios roles.

La instrucción relacionada con el silencio de la mujer ha sido malinterpretada de dos maneras. Aquellos que creen que las mujeres pueden predicar en la Iglesia interpretan *«silencio»* como una referencia a un espíritu humilde y apacible. Afirman que este pasaje dice que las mujeres predicadoras o maestras deben tener una actitud de humildad y quietud. Otros se van al otro extremo e insisten en que ninguna mujer debe hablar bajo ninguna circunstancia en la Iglesia, ni siquiera con la persona que está sentada junto a ella. Sin embargo, en el *v. 12* Pablo dice que las mujeres deben estar en silencio refiriéndose a que no deben enseñar o ejercer autoridad sobre los hombres de la iglesia.

Deben aprender en silencio (*v. 11a*; vea *1ª a los Corintios 14:34*). *«La mujer aprenda en silencio»*

1ª a los Corintios 14:34 hace eco del mismo pensamiento que encontramos en *1ª a Timoteo 2:11*: *«vuestras mujeres callen en las congregaciones; porque no les es permitido hablar, sino que estén sujetas, como también la ley lo dice»*.

En griego dice *«dejad que la mujer aprenda...»* Esto implica permitir que sea instruida. El término *«dejad»* (*epitrepō*) siempre se usa en el Nuevo Testamento refiriéndose al permiso que tiene alguien para hacer lo que desea. La selección de palabras que hace Pablo puede significar que algunas mujeres de Éfeso deseaban ser predicadoras públicas y en consecuencia, ejercer autoridad sobre la congregación, como sucede actualmente en la Iglesia. Sin embargo, Pablo, hablando como un apóstol designado oficialmente por Jesucristo, no permitía que eso sucediera. Los ministerios de anciano, evangelista o pastor maestro sólo son para los hombres.

La razón por la que las mujeres no deben predicar en la Iglesia no tiene nada que ver con su constitución psicológica o sus capacidades intelectuales. Quienes insisten en que la subordinación e igualdad son mutuamente excluyentes, harían bien en considerar la relación de Cristo con Su Padre. Mientras estuvo en la tierra, Jesús adoptó un papel subordinado a Dios, y aún así, no era en nada inferior a Él. *1ª a los Corintios 11:3* declara: *«Pero quiero que sepáis que Cristo es la cabeza de todo varón, y el varón es la cabeza de la mujer, y Dios la cabeza de Cristo»*.

La última frase de *1ª a los Corintios 14:34* dice *«como también la ley lo dice»*. (Vea *Génesis 3:16*).

El contexto de *1ª a losCorintios 14* indica que el silencio que mandó Pablo no tenía la intención de evitar que las mujeres hablaran en absoluto, sino impedir que hablaran en lenguas y profetizaran en la Iglesia. El contexto cultural de aquella región y época arroja más luz sobre esta enseñanza.

La ciudad de Delfos, ubicada al otro lado del golfo de Corinto, era la sede de una religión comandada por una mujer llamada Pitia, a quien llamaban «oráculo de Delfos». Para calificar al oficio de sacerdotisa de esa religión, una mujer debía ser joven y virgen. Más tarde, las preferidas fueron las casadas de más de cincuenta años, pero se les requería que vistieran como vírgenes. Además, cada sacerdotisa contaba con un médium que le ayudaba a mantener el contacto con los espíritus demoniacos.

Un hombre que deseara consultar al oráculo (a ninguna mujer se le permitía hacerlo), debía sacrificar un animal mientras las sacerdotisas ayudantes estudiaban los presagios. Si eran favorables, al hombre se le permitía entrar al santuario interior. Dentro de él, escribía su petición en una tablilla (los arqueólogos que han excavado en el área del santuario han encontrado algunas de ellas todavía intactas), la cual probablemente era leída por Pitia. Ésta se sentaba en un trípode, supuestamente sobre un foso del que salía un vapor místico. Antes de ocupar su trono, Pitia tomaba agua del arroyo profético llamado *Kassotis* y comía hojas sagradas de laurel. En respuesta a la petición de la tablilla, ella pronunciaba sonidos incoherentes e ininteligibles que eran interpretados (a menudo en versos de décimas perfectas) por un hombre profeta que estaba al lado del trono. La interpretación, que con frecuencia era confusa y muy variable, generalmente dejaba al consultante más confundido que cuando había llegado.

Esa práctica pagana tuvo un efecto negativo en la iglesia de Corinto.

Algunas personas llegaban al culto y pronunciaban ese tipo de sonidos incoherentes en un éxtasis, supuestamente por el poder del Espíritu Santo. Esto provocaba mucho desorden en la iglesia de esa ciudad. Los verdaderos dones de hablar en lenguas y de profecía se confundían con imitaciones satánicas.

En Corinto como en Éfeso, las mujeres exhibían su sensualidad. Además, tal vez influenciadas por la religión de Delfos, buscaban tener puestos importantes en la iglesia de Corinto abusando de los dones de lenguas y de profecía.

En respuesta a ese problema, el apóstol Pablo escribió: *« ¿Qué hay, pues, hermanos? Cuando os reunís, cada uno de vosotros tiene salmo, tiene doctrina, tiene lengua, tiene revelación, tiene interpretación. Hágase todo para edificación»* (*1ª a los Corintios 14:26*). Pablo siguió diciendo que no debían hablar en lenguas más de dos o tres personas y nunca, si no había presente un intérprete. Sólo dos o tres profetas debían hablar, y los demás debían evaluarlos para ver si en verdad estaban hablando la verdad (*vv. 27–29*). La idea de Pablo es que el Señor no es un Dios de confusión (*v. 33*). Finalmente instruye a las mujeres diciéndoles que guarden silencio (*v. 34*). No debían hablar en lenguas o profetizar en la asamblea pública de la Iglesia.

1ª a Timoteo 2:11–12 y *1ª a los Corintios 14:34–35* afirman que cuando se reúne la Iglesia, las mujeres no deben hablar en lenguas, profetizar ni enseñar la Palabra de Dios. Durante esas reuniones, los hombres designados deben dar la enseñanza.

No obstante, esto no significa que las mujeres nunca pueden hablar la verdad de Dios. Dios usó a mujeres tales como María (*Éxodo. 15:20–21*), Débora (*Jueces 4:4*), Hulda (*2º de Reyes 22:14–22*), y Ana (*Lucas 2:36–38*) para hablar por Él. Pablo habló en diferentes iglesias y sinagogas durante sus viajes misioneros, respondiendo a preguntas tanto de hombres como de mujeres (compárese *Hechos 17:2–4*). Creo que sí existen momentos y lugares en que las mujeres pueden presentar alabanzas al Señor. No creo que Pablo dijera que las mujeres nunca pueden servir de esa manera. Pero sí prohibió que las mujeres ostentaran puestos de liderazgo en la Iglesia.

Deben aprender con toda sumisión (v. 11b; 1ª a los Corintios 11:3).

«La mujer aprenda…, con toda sujeción».

En *1ª a los Corintios 11:3*, Pablo dijo: *«Pero quiero que sepáis que Cristo es la cabeza de todo varón, y el varón es la cabeza de la mujer, y Dios la cabeza de Cristo».* Ese versículo enseña que las mujeres deben someterse a los hombres en su papel de líderes de la Iglesia, pues el liderazgo pertenece sólo a los hombres designados.

Ningún creyente discute que Cristo es la cabeza del hombre. Asimismo, entendemos que Dios el Padre es la cabeza de Cristo. *Filipenses 2:5-8* enseña que Cristo adoptó la forma de siervo durante Su encarnación. Puesto que Cristo es la cabeza del hombre y Dios el Padre la cabeza de Cristo, ¿por qué no aceptamos simplemente que el hombre es cabeza de la mujer?

En Corinto se acostumbraba que las mujeres casadas se cubrieran la cabeza para mostrar su modestia. Era una señal de que estaban entregadas a sus esposos y no estaban disponibles para otros hombres. Por otro lado, los hombres debían descubrir su cabeza como señal de masculinidad. En la iglesia de Corinto, esas señales culturales se estaban invirtiendo: las mujeres oraban y profetizaban con la cabeza descubierta, identificándose así con las mujeres liberales de Corinto. Los hombres, tal vez debido a la influencia judía, se cubrían la cabeza mientras oraban. En *1ª a los Corintios 11:4*, Pablo reprende a los hombres diciendo: *«Todo varón que ora o profetiza con la cabeza cubierta, afrenta su cabeza»*. ¿Acaso significa esto que es pecado para los hombres poner algo en su cabeza mientras oran? No, no a menos que la cultura perciba eso como algo femenino. En el *v. 5*, Pablo reprende a las mujeres diciendo: *«Pero toda mujer que ora o profetiza con la cabeza descubierta, afrenta su cabeza; porque lo mismo es que si se hubiese rapado»* (una cabeza rapada era algo vergonzoso).

Debemos identificar cuáles son los símbolos de femineidad y masculinidad en nuestra sociedad a menos que violen lo que dicen las Escrituras o el diseño divino para la moralidad. Los símbolos que usa nuestra sociedad pueden identificarse fácilmente. Podemos detectar a una mujer que luce femenina y a una que lo hace como si se estuviera rebelando contra la femineidad. Asimismo, podemos ver a un hombre y decir por la forma en que se viste y comporta si está negando las señales culturales de la masculinidad.

Pero, ¿qué dice *1ª a los Corintios 11:5*? ¿Acaso permite que haya mujeres predicadoras? Algunos afirman que ese versículo habla de que las mujeres enseñaban y profetizaban durante los cultos de adoración. Sin embargo, el pasaje no dice eso. Quizá Pablo está hablando de la profecía y la oración en general, porque no es sino hasta el *11:18* que por primera vez habla de las reuniones formales de la Iglesia: *«Pues en primer lugar, cuando os reunís como iglesia, oigo que hay entre vosotros divisiones; y en parte lo creo»*. Antes del *v. 18*, es evidente que no se refería al servicio de adoración.

En el *v. 5*, quizá Pablo estaba hablando de las mujeres que oraban y proclamaban la Palabra de Dios en los estudios bíblicos en los hogares o durante el tiempo familiar de oración. Su idea es que siempre que los cristianos se reúnen, las mujeres deben conservar el decoro de la sumisión y los varones cumplir su rol de cabeza. Si una mujer se ponía el velo cuando oraba o hablaba la Palabra de Dios, avalaba su femineidad y afirmaba la sumisión a su marido. Estaba dando a entender que el hombre es la imagen y gloria de Dios y que ella es la gloria del varón (*v. 7*). El hombre es el símbolo del dominio glorioso de Dios, y la mujer el símbolo de una seguidora.

Dios diseñó la vida humana para que se diera en el contexto de las relaciones. Y dentro de ellas existen diferentes roles. Sin embargo, en nuestra sociedad enfatizamos el individualismo sobre las relaciones. Los individuos se concentran en hacer valer sus derechos y buscan satisfacerse a sí mismos. En una cultura así, existe la tendencia de ver a todos con igualdad de roles. Pero cuando las mujeres se rehúsan a aceptar el rol ordenado por Dios para ellas en la Iglesia y la familia, minan el diseño fundamental de Dios para esas instituciones y ponen en riesgo la estabilidad de la sociedad.

Algunas consideraciones prácticas

1. *¿Cuándo puede una mujer proclamar la Palabra de Dios?*

   Las mujeres pueden proclamar la Palabra de Dios en cualquier tiempo y lugar, excepto cuando se reúne la Iglesia en el servicio de adoración. El Nuevo Testamento da los ejemplos de María y Ana que hablaron la verdad de Dios (*Lucas 1:46–55; 2:36–38*).

2. *Durante un estudio bíblico ¿pueden las mujeres compartir lo que han aprendido?*

   Sí, mientras se dé en el ambiente apropiado, no hay nada de malo en que una mujer comparta lo que el Espíritu de Dios le ha enseñado de las Escrituras.

3. *¿Pueden las mujeres orar en público?*

   Sí, las mujeres pueden orar en público. *Hechos 1:13–14* relata una reunión de oración donde estuvieron presentes los discípulos de Jesús junto con algunas mujeres. Existen tiempos y lugares donde es perfectamente válido que las mujeres oren en público.

Cuando Pablo escribió en *1ª a Timoteo 2:11*: *«La mujer aprenda en silencio, con toda sujeción»*, quiso decir que las mujeres no deben enseñar durante las reuniones oficiales de la iglesia. La responsabilidad de predicar, enseñar, o dirigir la oración en el culto de adoración es un papel ordenado para los hombres.

Las mujeres deben dejar de creer en la mentira de Satanás que dice que el único papel de importancia es el del liderazgo. La gente generalmente anhela tener puestos de prominencia, no servir humildemente a otros; inflar sus egos y ganar poder y control. Sin embargo, los líderes tienen una pesada carga y responsabilidad, y el rol de subordinado a menudo produce mayor paz y felicidad. La sumisión no es un castigo, sino un privilegio.

Repaso

1. La ciudad de Éfeso estaba dominada por la cultura y religión ______________________ ______________________________________.

2. Falso o verdadero: En la sociedad griega, las mujeres disfrutaban de una gran libertad personal, y a menudo participaban activamente en las asambleas públicas.

3. ¿Cuáles son los dos puntos que enfatiza Pablo en *1ª a Timoteo 2:11* acerca del papel de las mujeres en la Iglesia?

4. Falso o verdadero: El mandato de Pablo para que las mujeres guarden silencio en la iglesia significa que no deben hablar bajo ninguna circunstancia.

5. ¿Cuál es la razón de que no se permita a las mujeres enseñar en la iglesia?

6. Describa cómo era la influencia de la religión de Delfos en la iglesia de los corintios.

7. ¿Cómo instruyó Pablo a los corintios para corregir los problemas de la iglesia?

8. ¿Por qué era incorrecto que los hombres de Corinto oraran con la cabeza cubierta?

9. ¿Significa *1ª a los Corintios 11:5* que las mujeres pueden proclamar la Palabra de Dios en el culto de adoración? Apoye su respuesta con las Escrituras.

10. ¿Por qué es un asunto tan grave que las mujeres rechacen los roles asignados por Dios para ellas en la familia y la Iglesia?

Reflexione

1. Algunas mujeres de las iglesias de Éfeso y Corinto estaban demasiado preocupadas por hacer valer sus derechos más que por cumplir con sus responsabilidades hacia Dios y la Iglesia. ¿Qué de usted? ¿Su preocupación se centra en recibir o en dar? ¿Demanda usted con mayor frecuencia que se cumplan sus derechos o le interesa más cumplir con sus responsabilidades? Recuerde que Jesús *«no vino para ser servido, sino para servir»*. Si su preocupación principal ha cambiado gradualmente y en lugar de ministrar a las necesidades de los demás está buscando hacer valer sus derechos, usted puede regresar a la perspectiva correcta memorizando *Filipenses 2:3–4*.

2. Hemos aprendido en este capítulo que tanto hombres como mujeres (si se dan las circunstancias apropiadas) pueden proclamar

la Palabra verdadera de Dios. ¿Busca usted regularmente oportunidades para compartir las verdades de las Escrituras con sus amigos, vecinos, cónyuge o hijos? Para comunicar las verdades de la Biblia, primero debemos conocerla bien. Esto requiere estudiarla continuamente. Si no está escudriñando regularmente las Escrituras, comprométase con el Señor a empezar el día de hoy.

4

El llamado Sublime de Dios para la mujer

1ª a Timoteo 2:12-15

«Porque no permito a la mujer enseñar, ni ejercer dominio sobre el hombre, sino estar en silencio. Porque Adán fue formado primero, después Eva; y Adán no fue engañado, sino que la mujer, siendo engañada, incurrió en transgresión. Pero se salvará engendrando hijos, si permaneciere en fe, amor y santificación, con modestia.»

Cuando el apóstol Pablo se reunió con los ancianos de Éfeso en Mileto según relata *Hechos 20:17* y discutió con ellos las prioridades del ministerio, concluyó sus palabras con una sección de advertencia. En ese discurso expresó sus temores más profundos por esa congregación. Empezando en el *v. 29*, les dijo:

> *«Porque yo sé que después de mi partida entrarán en medio de vosotros lobos rapaces, que no perdonarán al rebaño. Y de vosotros mismos se levantarán hombres que hablen cosas perversas para arrastrar tras sí a los discípulos. Por tanto, velad, acordándoos que por tres años, de noche y de día, no he cesado de amonestar con lágrimas a cada uno. Y ahora, hermanos, os encomiendo a Dios, y a la palabra de su gracia, que tiene poder para sobreedificaros y daros herencia con todos los santificados»* (*Hechos 20:29–32*).

La gran preocupación de Pablo era que vinieran falsos maestros tanto de fuera como de dentro de la iglesia. La iglesia de Éfeso había tenido un comienzo grande y maravilloso. Nació después de un gran avivamiento. Salió del paganismo con una gran claridad de propósito y decisión como ninguna otra que se mencione en el libro de los Hechos. Aún así, el apóstol sabía que era inevitable y sin importar cuán bien hubieran comenzado, y cuán eficaz hubiera sido su propio ministerio de tres años en esa ciudad, el enemigo querría atacar a la Iglesia trayendo falsos maestros y líderes poco piadosos para debilitar su eficaz servicio a Dios. Sin duda, los peores temores de Pablo se hicieron realidad. Cuando salió de su primer encarcelamiento en Roma, fue a ver a Timoteo a Éfeso y encontró que era indudable que la iglesia tan cercana a su corazón, en la que había invertido tantos años de su muy breve ministerio, esa que él amaba tan profundamente, y por la que sin duda oraba continuamente, había caído presa de los falsos maestros y de aquellos que enseñaban un estilo de vida que no tomaba en cuenta a Dios.

Así que cuando se encontró con Timoteo ahí, el apóstol Pablo expulsó de la iglesia a dos de los líderes más prominentes llamados Himeneo y Alejandro (*1ª a Timoteo 1:20*). Ellos fueron entregados a Satanás por Pablo, indicando que el apóstol trató con ellos personalmente. Después tuvo que viajar hacia el oeste a Grecia, y dejó a Timoteo en Éfeso para que corrigiera lo que faltaba. En *1ª a Timoteo 3:15* vemos la clave de toda la epístola. Pablo dijo: *«para que si tardo, sepas cómo debes conducirte en la casa de Dios, que es la iglesia del Dios viviente, columna y baluarte de la verdad»*. En otras palabras, le dijo: *«te escribo esto para que aprendas a comportarte como debe ser en la iglesia y para que hagas lo que sea necesario para instruir a la gente lo que necesita aprender»*.

El problema principal de la iglesia de Éfeso era el del falso liderazgo. A partir del *capítulo 3* y hasta el final de la epístola, se ve la preocupación de Pablo con esos falsos maestros. Algunos capítulos están más centrados en esto que otros, pero el tema que se entreteje a través de *1ª a Timoteo capítulos 3* al *6* principalmente se refiere a los líderes falsos. Entonces, toda la carta es una arremetida contra los líderes falsos que se habían levantado dentro de la iglesia de Éfeso.

Aquellos líderes falsos trajeron a la Iglesia un gran bagaje del mundo. Su impiedad se manifestaba de muchas maneras, incluso al interpretar mal el asunto del rol de las mujeres dentro de ésta. Es evidente que en Éfeso había algunas mujeres que anhelaban los puestos de maestras oficiales usurpando así el liderazgo y autoridad de los hombres.

Es muy probable, aunque no lo sabemos con exactitud, que algunos de esos falsos maestros no sólo defendieran la perspectiva anti bíblica del papel de la mujer en la Iglesia, sino que tal vez también fueran mujeres que habían adoptado el papel de líderes. Por eso es que en el *capítulo 4* Pablo se refiere a las características de los ancianos diciendo que son exclusivamente masculinas, como el ser marido de una sola mujer y un hombre que gobierna bien su casa. Así que Pablo se dedicó a corregir lo relativo al rol de las mujeres en la Iglesia antes de hablar de los falsos maestros más específicamente en el *capítulo 3*. En *1ª a Timoteo 2:9–15*, el apóstol incluye seis elementos relacionados con esta importante instrucción.

Recordará que el primer aspecto que mencionó Pablo fue la apariencia de las mujeres. ¿Cuál es la apariencia que deben mostrar en la Iglesia? El *v. 9* dice que las mujeres deben cubrirse con atavíos decorosos. En otras palabras, deben vestirse de tal manera que expresen su amor por Dios, reverencia por su santidad, y una actitud de adoración verdadera. La última parte del versículo indica que no deben ocuparse demasiado de las modas externas. Tampoco deben hacer ostentación de sus riquezas. Enseguida menciona el peinado llamativo, el cual iba entretejido con oro y perlas. Esa era la costumbre cultural de aquellos días, en que las mujeres solían adornarse completamente de pies a cabeza. El propósito era hacer alarde de sus riquezas a través de la forma en que se peinaban, pues además del oro y las perlas, se ponían peinetas de concha de nácar en el cabello.

Lo que Pablo estaba diciendo era que esa costumbre no debía practicarse en la Iglesia. La tendencia de las mujeres a centrarse en su arreglo personal sólo era una manifestación de la carnalidad que había en su corazón, pues se vestían para exhibir sus riquezas, para despertar la lascivia y deseos sexuales, y para expresar su insubordinación hacia sus propios maridos. Todo esto está prohibido para una mujer que en verdad quiere adorar a Dios.

En segundo lugar, como estudiamos antes, Pablo pasó a discutir las actitudes de las mujeres. A la mitad del *v. 9*, aprendimos que éstas debían ser de *«pudor y modestia»*. *«Pudor»* viene de una palabra griega cuya raíz significa *«tener un sentido de vergüenza»*. En otras palabras, las mujeres deben avergonzarse de hacer que alguien se distraiga de la adoración que sólo Dios debe recibir. Ellas deben tener un sentido apropiado de vergüenza que se manifiesta en su modestia. Esta palabra se refiere al dominio propio o auto-control de alguien que domina sus pasiones y deseos. Entonces, las mujeres deben presentarse con recato y humildad de corazón, demostrando así que tienen un control total sobre sus pasiones, vistiéndose de tal manera que la atención que reciben es sobre su piedad y virtud.

En tercer lugar, en el *v. 10* analizamos el testimonio de las mujeres. Si han hecho una profesión de piedad, deben demostrarlo haciendo buenas obras. Así que éstas deben evidenciar la profesión de consagración que hicieron.

Esto nos lleva en cuarto lugar, al papel de las mujeres que se explica en los *vv. 11-12*. En realidad, este es el centro de lo que estamos estudiando, la función de las mujeres en la Iglesia. Lo primero que observamos en el *v. 11* es que el apóstol dijo: *«la mujer aprenda»*. Por supuesto que desde las perspectivas judía y pagana, el estatus de la mujer estaba a un nivel de segunda clase, tal vez al de una esclava y en algunos casos, hasta el de los animales. Había muy poco interés por parte de los judíos de aquella época en que la mujer aprendiera algo o no, puesto que en realidad ellas no formaban parte de la élite educada. Ésta estaba compuesta exclusivamente por los hombres, y ellos eran responsables de enseñar la verdad. Para ellos era irrelevante si las mujeres asistían a la sinagoga o no, o si participaban de las fiestas y celebraciones o no.

Una actitud similar prevalecía en la cultura griega con respecto a la educación de las mujeres. Así que aún en contra de todo ello, el apóstol Pablo dijo: *«la mujer aprenda»*, afirmando así la igualdad del privilegio espiritual, los derechos espirituales, las bendiciones y promesas que son iguales para hombres y mujeres. Y como dice *Gálatas 3:28, «en Cristo no hay varón ni mujer». No obstante, en lo que se refiere al papel, Pablo califica su aprendizaje diciendo: «aprenda en silencio, con toda sujeción»*. Esto es lo que define para nosotros el papel de la mujer en la Iglesia.

En este capítulo, retomaremos el *v. 12* para estudiar el papel de la mujer en relación con la enseñanza en la iglesia.

No deben enseñar (v. 12a)

«Porque no permito a la mujer enseñar»

«Permito» significa aceptar que alguien haga lo que quiere. Al elegir esta palabra, Pablo dio a entender que algunas mujeres de Éfeso deseaban dirigir a la Iglesia. Siempre han existido las mujeres que buscan tener el liderazgo. *Génesis 3:15-16* sugiere que algunos efectos de la caída del Edén fueron que la mujer siempre trataría de controlar al hombre, y que éste gobernaría sobre ella. La palabra que se traduce

«deseo» en *Génesis 3:16* sólo se usa una sola vez en el resto del Pentateuco (los primeros cinco libros del Antiguo Testamento), cuando se habla del deseo del pecado por controlar a Caín (*Génesis 4:7*). Del uso que se da a esta palabra en Génesis, podemos concluir diciendo que el *3:16* dice que las mujeres desean tomar el control de manos de los hombres.

Hay mujeres en la Iglesia que no están contentas con el papel que Dios les ha asignado. Ellas buscan un lugar de prominencia y quieren ejercer autoridad sobre los hombres. Pablo prohibió a las mujeres que asumieran en la Iglesia el papel de autoridad del pastor-maestro. Ninguna mujer se presenta en el Nuevo Testamento ostentando ese puesto.

No deben tener autoridad (v. 12b)

«ni ejercer dominio sobre el hombre,
sino estar en silencio»

«Ejercer dominio» (*authentein*) sólo aparece en este pasaje del Nuevo Testamento. El estudio que hizo George Knight de ese verbo concluye diciendo que el significado común de *authentein* en la literatura extra-bíblica significa *«tener autoridad sobre» («Authenteō* In Reference to Women in 1 Timothy 2:12,». *New Testament Studies*, vol. 30 [1984]: 143–57). Él descubrió que no tiene la connotación negativa de «abusar de la autoridad».

Entonces, ¿qué *no* significa esto? En primer lugar, indica que las mujeres no deben ejercer la autoridad. Algunas personas han reinterpretado *«authentein»* de *1ª a Timoteo 2:12* diciendo que significa *«abuso de autoridad»* porque creen que es aceptable que una mujer enseñe y tenga autoridad sobre el hombre con tal de que ésta no sea abusiva. Sin embargo, no existe justificación para esta adición al texto. Si Pablo estuviera hablando de autoridad abusiva, no habría limitado su advertencia a las mujeres.

Enseñar y ejercer autoridad contrasta con el silencio y sumisión. Las mujeres no deben tener una posición en la Iglesia en la que los hombres estén subordinados a ellas.

Una segunda interpretación equivocada que algunos han hecho de este versículo es que a las mujeres no se les permite orar. No obstante, la frase *«estar en silencio»* del *v. 12* no significa que se prohíbe a las mujeres que oren. Enseña que así como las mujeres no deben actuar como maestras o líderes de la Iglesia, tampoco deben dirigir el tiempo público de oración.

Además, este versículo no indica que las mujeres nunca deban enseñar. Si se daban las circunstancias, una mujer, junto con su marido, podía instruir a otro hombre. Por ejemplo, Priscila y Aquila lo hicieron con Apolos (*Hechos 18:26*). Pero esa instrucción no se llevó a cabo durante el culto público de adoración de la Iglesia.

En cuarto lugar, este versículo no enseña que las mujeres no tienen dones espirituales. Ellas pueden tener los mismos dones que los hombres, incluyendo los dones de enseñanza y liderazgo. El Señor da a las mujeres amplias oportunidades para usar esos dones en ambientes donde no se viole el diseño que Él ha creado para las mujeres. Ellas pueden usar esos dones en situaciones que no tengan que ver con el culto de adoración de la Iglesia. El hecho de que se ciñan al papel ordenado por Dios en la Iglesia y que no se les permita usurpar el rol del hombre, de ninguna manera daña a las mujeres. Hay muchísimas oportunidades para ellas de ejercitar sus dones, pero de una manera consistente con el diseño divino.

Quinto, este versículo no enseña que las mujeres no pueden ser misioneras. Doy gracias a Dios por tantas mujeres fieles que sirven en los campos misioneros. Sin embargo, no creo que las mujeres misioneras tengan derecho a transgredir su papel ordenado por Dios. El mismo Pablo fue misionero. Si alguna vez ha habido necesidad de liderazgo en las misiones, fue en su día. Pablo podía haber hecho concesiones y usar mujeres en puestos de liderazgo, pero no lo hizo. Cuando existe necesidad de hombres en las misiones, la solución no es desobedecer los principios bíblicos, sino orar para que el Señor de la mies envíe obreros a Su mies (*Mateo 9:38*).

Después del asesinato de su esposo Jim y de varios otros misioneros en Ecuador, Elizabeth Elliot fue la única misionera que quedó viva que conocía el idioma de los indios aucas. Entonces, ella enseñaba a uno de esos hombres un sermón cada semana, y él entonces lo predicaba a la Iglesia. En su vida encontramos un ejemplo excelente del liderazgo femenil piadoso dentro del contexto bíblico de permitir que sean los hombres quienes dirijan las reuniones de la Iglesia.

En sexto lugar, este versículo no enseña que las mujeres son inferiores a los hombres; simplemente tienen un papel diferente. Muchos creen que el único lugar donde hay poder e influencia es en el papel de liderazgo. Piensan que es más satisfactorio liderar que seguir a otros. Pero las personas que no son líderes también pueden ser altamente influyentes.

El papel de subordinación y sujeción a menudo proporciona un sentido mayor de paz, felicidad y contentamiento. La idea de que la más enriquecedora experiencia de la vida es estar por encima de otros y controlar todo, es una falacia. Yo aconsejo a cualquier mujer que desee ser líder en la Iglesia que se mantenga bajo la amorosa y cuidadosa protección de su esposo y de los actuales líderes de la Iglesia. Es un lugar más feliz para vivir; la carga es mucho más ligera. La sumisión no es un castigo, es un privilegio.

El diseño de la mujer (vv. 13–14)

Los *versículos 13–14* son una transición para introducir un concepto adicional que es vital para nuestro estudio —el diseño de la mujer. Encontramos aquí que las enseñanzas de Pablo se basan en el diseño divino para la creación y fue confirmado por la obra del maligno.

Establecido en la creación (v. 13)

«Porque Adán fue formado primero, después Eva»

Dios asignó un papel subordinado a la mujer durante el orden de la creación. Primero creó a Adán, luego a Eva. En *1ª a los Corintios 11:8–9*, Pablo dijo:

> *«Porque el varón no procede de la mujer, sino la mujer del varón, y tampoco el varón fue creado por causa de la mujer, sino la mujer por causa del varón»*. Ella fue creada para ser su ayuda idónea (*Génesis 2:18*). Ella debía seguir su liderazgo, vivir con su provisión y encontrar seguridad en su fuerza y protección como producto de su coraje. La tendencia a ser seguidora era inherente a Eva, pero con la caída surgió el conflicto.

El papel subordinado de las mujeres no es un asunto cultural. Tampoco se puede explicar como un prejuicio por parte de Pablo, porque se basa en el orden de la creación. Adán fue formado primero y después Eva.

La enseñanza de Pablo tampoco surgió de alguna situación cultural de Éfeso y por lo tanto no es aplicable al día de hoy, como dicen algunos. Aquí no sólo apela al relato de la creación de *Génesis 2*, sino que enseñó también lo mismo a los corintios (*1ª a los Corintios 11:8–9*).

Confirmado por la caída (v. 14)

«y Adán no fue engañado, sino que la mujer, siendo engañada, ***incurrió en transgresión****».*

Génesis 3:1–7 es el trágico relato de lo que sucedió en el jardín del Edén cuando Eva usurpó el papel de líder:

«Pero la serpiente era astuta, más que todos los animales del campo que Jehová Dios había hecho; la cual dijo a la mujer: ¿Conque Dios os ha dicho: No comáis de todo árbol del huerto? Y la mujer respondió a la serpiente: Del fruto de los árboles del huerto podemos comer; pero del fruto del árbol que está en medio del huerto dijo Dios: No comeréis de él, ni le tocaréis, para que no muráis. Entonces la serpiente dijo a la mujer: No moriréis; sino que sabe Dios que el día que comáis de él, serán abiertos vuestros ojos, y seréis como Dios, sabiendo el bien y el mal. Y vio la mujer que el árbol era bueno para comer, y que era agradable a los ojos, y árbol codiciable para alcanzar la sabiduría; y tomó de su fruto, y comió; y dio también a su marido, el cual comió así como ella. Entonces fueron abiertos los

ojos de ambos, y conocieron que estaban desnudos; entonces cosieron hojas de higuera, y se hicieron delantales».

Toda la raza humana cayó así en depravación y juicio. Por naturaleza, Eva no estaba preparada para asumir el puesto de máxima responsabilidad. Cuando ella se apartó de la protección y liderazgo de Adán, quedó expuesta y fue vulnerable a la caída. Y por supuesto cuando Adán transgredió su papel de liderazgo y siguió a Eva (aunque él no fue engañado), infringió completamente el orden de Dios. Entonces, la caída no vino solamente por desobedecer el mandato de Dios, sino por violar los papeles asignados por el Señor para los sexos.

Esto no significa que Adán sea menos culpable que Eva, o que ella sea más defectuosa. Aunque él no fue engañado como Eva, Adán también decidió desobedecer a Dios. Como cabeza de la mujer, él era el primer responsable. Por eso es que el Nuevo Testamento relaciona la caída como el pecado de Adán y no de Eva (*Romanos 5:12–21*; *1ª a los Corintios 15:21–22*). Entonces, desde el principio, el diseño divino es que el hombre sea la cabeza de la relación matrimonial, y como tal, él tiene la responsabilidad de su éxito o fracaso. La trágica experiencia del encuentro de la mujer con la serpiente en el jardín confirmó la sabiduría de ese diseño.

Cuando pensamos en la caída, generalmente lo hacemos en relación con Adán. *Romanos 5:12–21* menciona repetidamente que un solo hombre (Adán) trajo el pecado y la muerte al mundo. Adán fue responsable de la caída porque él es la cabeza de la raza humana. Pero debemos tener en cuenta que él no cayó primero, sino Eva. Cuando ella se salió de la protección del liderazgo de Adán e intentó tratar independientemente con el enemigo, ella fue engañada. Esto refuerza la verdad de que Dios diseñó a las mujeres con la necesidad de tener un líder.

Al ser engañada, Eva mostró que era incapaz de dirigir con eficacia. Sin duda, encontró un formidable enemigo en Satanás. La palabra griega que se traduce como *«engañada»* (*exapataō*) en el *v. 14* es muy fuerte. Es más fuerte que la palabra común (*apataō*) que se usa para hablar de engaño. Se refiere a que Eva fue completamente engañada. Entonces, podemos concluir diciendo que cuando la mujer se aleja del cuidado de su protector, ella queda completamente vulnerable.

La caída no sólo fue resultado de desobedecer el mandato de Dios, sino también de violar el diseño divinamente instituido en cuanto a los roles de los sexos. Eva actuó independientemente y tomó el rol de liderazgo. Adán transgredió su rol al abdicar de su posición de liderazgo y seguir la dirección de Eva. No obstante, es importante observar que las mujeres no son más defectuosas que los hombres. Y así como la mujer necesita del hombre, el hombre necesita de la mujer. Todos somos vulnerables de alguna manera.

Nosotros creemos en el liderazgo del hombre porque fue establecido desde la creación y después confirmado por la caída. Y ninguna hija de Eva debiera seguir su ejemplo y entrar en el territorio prohibido del liderazgo que fue asignado al hombre.

La contribución de las mujeres (v. 15)

«Pero se salvará engendrando hijos, si permaneciere en fe, amor y santificación, con modestia»

En el *versículo 14* leemos que la mujer cayó en pecado. En contraste, el *v. 15* dice que las mujeres se salvarán engendrando hijos. ¿Qué quiso decir Pablo? Que todas las mujeres se salvan teniendo hijos. Pero, ¿salvas en qué manera? ¿Qué clase de declaración general es esta?

La salvación de que se habla no se refiere a ser salvas del pecado. Y tampoco se refiere exclusivamente a Eva porque se usa el tiempo futuro *«se salvará»*. Es más, el uso del pronombre plural en el idioma griego indica que se tiene en mente a más de una mujer. Claramente señala que *todas* las mujeres están incluidas.

Definición de la salvación de las mujeres

El término griego que se traduce *«salvará»* (*sōzō*), puede referirse a ser salva de otras cosas distintas al pecado. Esa palabra también puede significar *«rescatar», «preservar a salvo y sin daño», «sanar», «liberar»* o *«librar de»*. Aparece varias veces en el Nuevo Testamento sin relación con la salvación espiritual (*Mateo 8:25; 9:21–22; 10:22; 24:22; 27:40, 42, 49; 2ª a Timoteo 4:18*). Es evidente que Pablo no quiso enseñar que las mujeres son salvas eternamente de la paga del pecado a través de la maternidad. Esto contradiría la enseñanza del Nuevo Testamento que dice que la salvación es por gracia a través de la fe sola (*Romanos 3:19–20*). El tiempo futuro y el uso del pronombre *«salvará»* indican que ni siquiera se refiere a Eva. Esto mismo y la ausencia de cualquier relación con el contexto, también demuestra que Pablo no se estaba refiriendo a María, la madre de Jesús, como sugieren algunos.

Este versículo dice que engendrando hijos todas las mujeres quedan libres del estigma de que haya sido una mujer la que provocó la caída. Una mujer llevó a la raza humana al pecado, pero aún así, las mujeres benefician a la humanidad perpetuando la raza humana. Asimismo, tienen la oportunidad de dirigir al ser humano hacia la santidad a través de su influencia sobre los hijos.

Definición de la importancia de la mujer

La piedad y las virtudes de una madre tienen un profundo impacto en la vida de sus hijos. La crianza de ellos da dignidad a la mujer. Su gran contribución viene a través de la maternidad. Sin embargo, debe continuar practicando la fidelidad, el amor y la piedad. Sólo una madre piadosa puede criar hijos piadosos.

Pablo enseña aquí que aunque la mujer precipitó la caída y ahora todas llevan esa responsabilidad, pueden ser preservadas de ese estigma a través de la maternidad. El rescate y liberación de las mujeres del estigma de haber llevado a la raza humana al pecado sucede cuando ellas levantan una simiente santa. ¡Qué perfecto contraste con el engaño que hizo caer a Eva! Las mujeres están muy lejos de ser ciudadanas de segunda clase, porque su principal responsabilidad es criar hijos piadosos. Las madres pasan mucho más tiempo con los hijos que los padres y por tanto, tienen una mayor influencia. Los padres no pueden conocer el vínculo tan íntimo que establecen los hijos con sus madres desde el momento de la concepción y luego durante el nacimiento, primeros años e infancia. El punto de Pablo es que mientras que la mujer fue la que llevó a la humanidad al pecado, ella también tiene el privilegio de sacar a la raza humana del pecado y llevarla hacia la fe.

Es obvio que Dios no quiere que todas las mujeres sean madres. Algunas ni siquiera se casarán, porque según *1ª a los Corintios 7* algunas personas tienen el don de soltería. En ocasiones, Dios permite que sean estériles porque Él quiere cumplir su eterno propósito en ellas. Pero por regla general, la maternidad es la mayor contribución que puede hacer una mujer a la raza humana. El dolor al dar a luz a los hijos fue el castigo que Dios dio a la mujer, pero concebir y criar hijos libra a la mujer del estigma de ese pecado.

Para que las mujeres reviertan la sombra que cayó sobre ellas durante la caída y puedan cumplir su llamamiento, necesitan producir simientes santas. Para hacerlo, deben vivir en fe y amor, donde verdaderamente reside su salvación. Y también deben permanecer en *«santificación y modestia»* o dominio propio (la misma palabra que se menciona en el *v. 9*). Precisamente son la apariencia, el comportamiento y la conducta que se demandan de una mujer creyente en la Iglesia, las que propician su libertad de cualquier estatus inferior y le permiten vivir en santidad y criar hijos piadosos.

En este pasaje vemos que Dios equilibró perfectamente el rol de los sexos. Los hombres deben ser los líderes de la iglesia y la familia. Las mujeres quedan libres de cualquier acusación de inferioridad a través de la influencia piadosa que ejercen en la vida de sus amados hijos. Cuando la Iglesia se aparta de este orden divino, perpetúa el desastre que sobrevino en la caída.

Pablo, bajo la inspiración del Espíritu Santo, dijo que las mujeres deben aceptar el rol que Dios les asignó. No deben buscar los puestos de liderazgo en la Iglesia. Principalmente deben criar hijas e hijos piadosos. ¡Qué trágico ver que muchas mujeres creen que sus vidas no tienen objetivo sólo porque no pueden asumir el mismo rol que los hombres! Aún así, Dios les ha dado el singular privilegio de criar muchas generaciones de hijos piadosos y de tener una relación tan íntima con ellos, que ni el mismo padre puede experimentar.

Susanna Wesley ha pasado a la historia como una de las más destacadas madres cristianas. Fue esposa de pastor y madre de diecinueve hijos, aunque sólo cerca de la mitad de ellos llegaron a la edad adulta. Dos de sus hijos fueron John y Charles Wesley, siervos que contribuyeron al avivamiento espiritual de Inglaterra mientras que Francia estaba inmersa en su revolución sangrienta. Susanna pasaba una hora diaria a solas con Dios en su habitación, orando por cada uno de sus hijos.

G. Campbell Morgan, el gran predicador, dijo: «Mi entrega a la predicación de la Palabra tiene su origen en mi madre. Ella nunca me lo mencionó cuando yo era niño, pero siempre estuvo a la espera. Cuando a los ocho años prediqué mi primer sermón a mi hermanita y a todas sus muñecas sentadas en orden ante mí, mi enseñanza se basó en las historias bíblicas que había escuchado de mi madre».

Por cierto, G. Campbell Morgan tuvo cuatro hijos, todos los cuales se convirtieron en predicadores. En cierta ocasión, cuando Morgan estaba explicando por qué había tantos predicadores en su familia, dijo: « ¿Quién es la más grande predicadora de nuestra familia?» Y sin dudarlo un instante, contestó: «Mi madre».

El padre de Charles Spurgeon una vez contó a un ministro norteamericano que frecuentemente tenía que dejar su hogar para ir a fundar nuevas iglesias. No obstante, sentía remordimiento por descuidar la instrucción religiosa de sus propios hijos. Así que decidió que acortaría sus viajes. Una vez regresó a su hogar y abrió la puerta. Se sorprendió de no encontrar a ninguno de sus hijos corriendo por la casa. Subió las escaleras y escuchó la voz de su esposa, que estaba en actitud de oración. Ella iba nombrando a sus hijos uno por uno. Cuando terminó de orar e instruir a sus hijos, Spurgeon padre dijo: «Creo que puedo seguir adelante con mi trabajo. Mis hijos están bien atendidos».

Eso es lo que yo llamo cumplir el llamado sublime de Dios de una mujer piadosa en la Iglesia. Ojalá que Dios nos permita tener más de esas mujeres...

CREADA
PARA SER SU
Ayuda Idónea
Descubre cómo Dios puede hacer glorioso tu matrimonio
DEBI PEARL

En alguna parte, con el paso de los años y la cultura cambiante, la mujer ha perdido su camino. Este libro ha sido escrito para guiarla de nuevo a casa. No importa cómo inició su matrimonio; por oscuro y solitario que haya sido el camino que te ha conducido hasta donde estás ahora, quiero que sepas que es posible hoy mismo tener un matrimonio tan bueno y pleno que no se pueda explicar más que como un milagro de parte de Dios.

LIBROS DE

DR. CHARLES R. SWINDOLL

164 p.p. 14x21 cm /
ISBN: 1-57972-468-X

220 p.p. 14x21 cm /
ISBN: 1-57972-567-8

Frente al cúmulo de exigencias religiosas y el loco frenesí de obras y más obras, hay que volver la mirada, para descubrir la belleza de la fe sencilla que Cristo enseñó y modeló; sólo así viviremos una vida auténtica y sin complicaciones.

¿Le agradó a Dios que su hijo fuera tratado de manera tan brutal? Las respuestas son abordadas en este estudio del sufrimiento y muerte de Cristo, y la realidad de su gloriosa resurrección.

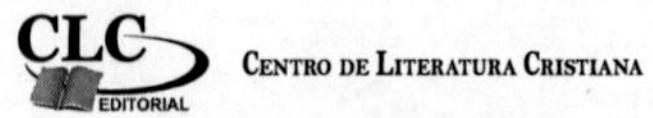

EDITORIAL CLC
Diagonal 61D Bis No. 24-50
Bogotá, D.C., Colombia
www.clccolombia.com